10秒沟通

10秒で伝わる話し方

〔日〕荒木真理子 著
孙律 译

北京联合出版公司
Beijing United Publishing Co.,Ltd.

图书在版编目（CIP）数据

10秒沟通 /（日）荒木真理子著；孙律译. — 北京：北京联合出版公司，2018.5（2020.4重印）
ISBN 978-7-5596-1968-6

Ⅰ.①1… Ⅱ.①荒… ②孙… Ⅲ.①心理交往-通俗读物 Ⅳ.①C912.11-49
中国版本图书馆CIP数据核字（2018）第073640号

著作权合同登记号　图字：01-2018-2774

Original Japanese title:
10BYO DE TSUTAWARU HANASHIKATA
Text copyright ©M. Araki 2017

Original Japanese edition published by Nippon Jitsugyo Publishing Co., Ltd.
Simplified Chinese translation rights arranged with Nippon Jitsugyo Publishing Co., Ltd.
through The English Agency (Japan) Ltd. and Eric Yang Agency, Beijing Office

10秒沟通

作　　者：（日）荒木真理子
译　　者：孙　律
总 发 行：北京时代华语国际传媒股份有限公司
责任编辑：张　萌
封面设计：尚刘阳
版式设计：姜　楠

北京联合出版公司出版
（北京市西城区德外大街83号楼9层　100088）
北京盛通印刷股份有限公司　　新华书店经销
字数150千字　　880毫米×1230毫米　1/32　　6.5印张
2018年5月第1版　　2020年4月第5次印刷
ISBN：978-7-5596-1968-6
定价：42.00元

未经许可，不得以任何方式复制或抄袭本书部分或全部内容
版权所有，侵权必究
本书若有质量问题，请与本社图书销售中心联系调换。电话：010-83670231

序言

把我从重度焦虑症中解救出来的"10秒沟通技巧"

"直播倒计时开始,4,3……"

我不由得咽了一口唾沫,目光落在脚边的显示器,里面的自己俨然一副老播音员的模样。正在这时,后台响起提示的声音:"荒木小姐!"

"好的,诸位请看,山的一面已被杜鹃花染红。此刻,我正在仙台市青叶区的〇〇。那个,那个……(头脑一片空白,陷入慌乱状态!)"

我投身播音事业是从播报时事生活起步,起初担任早间新闻节目的现场直播记者。虽然播报时间只有一分钟,但是一早就得现场采访,再以自己掌握的文字、词句组织语言。正式直播要到中午,因此头脑始终处于混沌状态。

最初的几次倒还顺利，大概到了第五次的时候，受现场气氛的感染，突然意识到摄像机正对着自己。话到嘴边却说不出来，只想找个地洞钻进去……总之，真是羞愧难当，恨不得就此消失。

自那以后，我再也不敢面对镜头说话。经常满面通红、欲言又止，甚至萌生退意。早晨那一分钟的直播时间倍感煎熬，夜晚也是辗转难眠，只希望太阳不再升起。

在我脑海中，各种消极、否定的念头此起彼伏："之前几次纯属偶然，我终究无法胜任这份工作。尽管顶着'播音员'的名头，终究不过是大学毕业不足一个月的新人。对啦，我自小就有重度焦虑症。小学时候的钢琴表演从一开始就卡住……还有那次面试也是表现糟糕……"

15年后。

我非但没有中止播音生涯，而且站在天气预报的85寸大屏幕前也毫不慌张，甚至还和大名鼎鼎的古馆伊知郎先生联袂主持黄金档新闻节目《报道站》。

究竟发生了怎样的变化？

在屡战屡败、不屈不挠的挣扎中，不经意掌握的"10

秒分段表达方法"将我从崩溃边缘拉了回来。

某次,我放在桌上的播音稿被风吹散。于是,我俯身拾取,10秒钟差不多捡起4张。我一边收拾,一边朗读。一张接着一张,等稿件全部叠好之后,内容也大致记下。

"嗯?怎么不试试每10秒钟说一段呢?"

一分钟的播音时间原本觉得漫长,但是以10秒分段,其实不过如此。

我顿时如释重负:"坚持10秒总没问题吧!"

于是,我把话题仔细加以分解,这10秒谈谈〇〇,那10秒说说△△。话题越来越多,播报也不再令人煎熬,反而成为一种乐趣。

"只是稍下功夫,心情为之大好!虽然很简单,变化却很大!"

只需区区10秒,效果不可思议。

"请简单说两句吧……"面对他人的邀请,你是否可以当即巧妙地自我介绍呢?

"啊?从我开始?""这么突然真是措手不及!"……

大多数人都会惊慌失措,或是焦虑不安,恐怕憋了好几分钟也说不出"两句"吧。

与忙碌的上司同乘一部电梯时,你能否迅速说服对方接受你的方案?

"时间有限,下次再说吧!""等你考虑充分了再说!"……

机不可失,错过这回也许就没有下次了。

畏手畏脚、犹豫不决、不善表达……倘若你也抱有同样的紧张,那么我的"10秒秘诀"就是最好的礼物。

首先试着坚持"10秒"分段、不慌不忙地迎向对方吧。

随着表达方式的改善,给人的印象也会发生天翻地覆的变化,好评也是如潮而来。

宣讲、会议、演说、面试、自我介绍、酒宴的寒暄、联谊……如果每每在众人面前觉得忧虑不安,那么,相信我的方法可以让你心情大好。

不必担心,我曾经深受重度焦虑症之苦,如今不也脱胎换骨了么?

那么,让我们共同迈出这一步吧。

目 录

第1章 10秒打开沟通新局面

1. 电视台都在用的10秒沟通法 / 002
2. 10秒帮你启动朋友圈 / 005
3. 言简意赅：10秒打造鲜明个性烙印 / 008
4. 筛选10秒高质量信息 / 010
5. 10秒演讲，你也可以滔滔不绝 / 013

专栏1 面试的神奇逆转！最后10秒分胜负 / 017

第2章 常见难题也可"10秒"解决

6. 10秒准备，即兴发言不犯难 / 020
7. 10秒介绍：用数字展现个人魅力 / 023
8. 先发制人，打造自己的10秒节奏 / 029
9. 想要能说会道？1天只须练10秒 / 032
10. "简单说两句"时，不妨只说10秒 / 035
11. 电话沟通，要点控制在20秒 / 039
12. 谈话高手的3个附和技巧 / 043

专栏2 意外状况在所难免！时间突然不够了怎么办！ / 047

第3章　沟通高手的10秒表达诀窍

13. 挖掘对方需求，回答要比问题更短　　/ 050
14. 流芳百世的名人名言一般不超过10秒　　/ 053
15. 来自政客的演讲技巧：每段大概50字　　/ 057
16. 用"讲故事"的节奏沟通，不要"念完就跑"　　/ 061
17. 10秒说服对手的谈判技巧　　/ 064
18. 想要一语中的？给你的谈话内容加标题　　/ 069
19. 千钧一发！如何抓住和大人物沟通的关键10秒　　/ 073

专栏3　100次点击不如去1次现场　　/ 076

第4章　10秒给对方留下深刻印象

20. 起承转结：从"转折"开始说更能抓人眼球　　/ 078
21. 要向小学生学习的叙事技巧　　/ 083
22. 推进执行的"传达4技巧"　　/ 086
23. "长篇大论"只会让人困惑不解　　/ 090
24. 把要点一网打尽：专业知识从告知大意开始　　/ 093
25. 巧用身边事例，方便对方理解　　/ 096
26. 巧用反义语句，化缺点为优点　　/ 099
27. 选择押韵的语句，留下难忘的演讲　　/ 104

专栏4　观众真正感兴趣的是什么　　/ 107

第 5 章　最大限度发挥 "10 秒" 功效的附加技巧

28. 艺人的瞬间传达技巧：同时向眼、大脑、耳发送信息　/ 110
29. 广告前 10 秒隐藏的沟通技巧　/ 114
30. 巧用肢体语言，让你想说的能"被看见"　/ 117
31. 接地气的表达，让人倍感亲切　/ 120
32. 发布会天才都是巧妙运用数字的高手　/ 125
33. 用不同的音调音量打造不同的印象　/ 127
34. 说话抑扬顿挫的 4 种魔法　/ 130
35. 停顿：沟通达人的进阶谈话技巧　/ 134

专栏 5　所谓的临场发挥，全凭素材库　/ 136

第 6 章　演讲达人的 10 秒进阶技巧

36. "10 秒" + 连接词 = 成功的演讲　/ 140
37. 无从下手时的表达模板　/ 147
38. 演讲切入正题前，多说 "10 秒"　/ 150
39. 最初的 10 句比之后的 10000 句都重要　/ 153
40. 5 步、10 秒，帮你先声夺人　/ 156
41. 用背景调查打造 "亲和力 + 说服力"　/ 162
42. 演讲途中不要迷惑听众　/ 166

专栏 6　排练次数与成功率的关系　/ 170

第7章 在任何场合都能侃侃而谈

43. 缓解焦虑的绝招！小道具带来意外惊喜　　/ 172
44. 用平常的语气说话：少用书面语，多用口语　　/ 175
45. 恰当的练习对象帮你缓解焦虑　　/ 178
46. 通过"10秒分段练习"积累成功经验　　/ 180
47. 突然忘词怎么办？用"图像"写稿扫清大脑空白　　/ 183
48. 复述标题，打造镇定自若的发言　　/ 186
49. 一时无语不妨实话实说，观众反而倍感亲切　　/ 188
50. 用"热情"化解"焦虑"，不善言辞也能传递心意　　/ 190

专栏7　探索合理的沟通空间　　/ 192

后记　改变人生的"10秒注入灵魂"　　/ 195

第 1 章

10 秒打开沟通新局面

1. 电视台都在用的 10 秒沟通法

· 数字和短语就是关键词

"全国整体晴朗,但冲绳地区会有降雨。除东京降温 3 度之外,最高气温与今天基本相同。"

这段话说完大约 10 秒,全国明日的天气以及气温的变化由此可知。假如辅以电视画面的符号和数字,观众同时充当听众,想必可以充分把握信息。

天气预报的画面大约每隔 10 秒切换,适时加上点评,我们意外地发现:这"10 秒"其实信息量不小。

短时间内一语中的的关键在于,把最重要的信息以最简短的文字表述。就天气预报来说,"晴""雨""相同""3 度"就是关键词。

希望当即传递信息时,尽量选择老少皆知,甚至连初学日语的外国人也能明白的词语,以数字尤为有效。

A "会面一结束,就在之前碰头的地方见吧。"

B "下午 3 点在○○酒店的大厅等你。"

相比之下，B 的表述更加浅显易懂吧？以做笔记为例，通常我们都是记录重要的关键字，只要抓住要点即可。

天气预报通常置于新闻节目的尾声，时间极大压缩的情况并不少见，效果自然大打折扣。为了便于观众"迅速"、"流畅"地掌握信息，选用数字及通俗易懂的词就显得至关重要。

· 最想表达的信息放在最前面

在电视台的简讯中，每则新闻大约用时一分钟。其中，最初的 10 秒基本是抛出结论。首先显示播音员的画面，通过其"读出"新闻，然后切换到新闻影像。无论多么复杂的信息，基本在前 10 秒内可以窥知梗概。

新闻播报以"5W1H"为法则，即何时（When）、何地（Where）、何人（Who）、做什么（What），以及为什么（Why）、怎么做（How）。因此，选取必要的部分，**把最想传达的内容压缩在"最初的 10 秒"内吧**。

· 重要的事情 10 秒说完

"今日上午 6 时左右，连接东京新桥和丰洲的百合海鸥线由于列车发出异常信号，全线停运一小时。"

我们可以假想一下，在早餐桌上听到这则新闻的听众中，"今天正准备坐百合海鸥线"的乘客想必会抬头听取详细情况，而事不关己的人们则继续默默吃着早餐。

然而，如果按照以下顺序播报，感觉又是如何？

"由于列车发出异常信号，全线停止运行。此刻约为上午 6 时，悬停在高架上的是百合海鸥线的列车。"

"到底是哪辆车？""结果怎样了？"……观众心神不定、食不下咽，甚至误了正事，真可谓乱成一团。

因此，最重要的信息就压缩在发言的最开始吧。既不耽误听众时间，也可以提高表述的效率。

法则：重要的事情"10 秒"说完

2. 10秒帮你启动朋友圈

· 疏于表达便会拙于言辞

在我中学时期,我有心和喜欢的男生联络,结果对着电话犹豫不决,无数次听筒拿起又放下……

"从何说起呢?被妈妈看到怎么办?怎样约他一起周日去看的电影呢?"

不知道大家会怎么说?是否也会烦恼万分、对着电话深呼吸呢?

时光流转,如今的电子邮件不写标题也无妨。利用"已读"功能,人们已经习惯以秒为单位回复邮件。"聊天"功能虽然没有语音输入,却可以打字进行"交流"。社交网络即SNS(Social Network Service)的问世给人们的交流方式带来翻天覆地的变化。

世界如此方便,我们都被剥夺了开口的权利,以至于变得不会"说话"。

在生育之后,我几乎足不出户,过着与世隔绝的清静生活，表达能力明显退化，在每个月的例行体检的时候，我竟然不知如何说明婴儿的近况，仿佛头脑和嘴巴的连接系统被彻底切断。

人是受环境影响的动物，如果疏于表达，就会渐渐变得不会说话。在度过四个月的不适应期之后，我开始积极外出与人沟通，总算拾回表达能力。

越是拙于言辞，越要尽可能多地与人交流。

· 开口前制订计划

不善于表达的人与日俱增，同时又不喜欢他人长篇大论，这真是一个矛盾的时代。

与投接球类似，图像、文字等信息劈头盖脸砸来在如今实属正常，如果稍有迟疑，对方很快就会心生厌烦。

有时废话多是因为你没想好接下来该怎么说。许多人不假思索、仓促开口，结果自然缺乏应变、说话结巴。

如果"说话"是自由自在地散步，那么"传达"就是把对方"引到"目的地。为了避免他人困惑，需要对照地图确认当前位置，选择路线，制订以最短距离抵达目的地的计划。

在开口之前，请务必树立以下意识。

① 对方视角：思考对方需要怎样的信息
② 当前位置：确认对方在听自己说话
③ 目的地：揭示话题
④ 选择路线：传达要点

这便是说话的计划。在他人面前寒暄、演讲等重要场合时，有意表达的内容需要条理清晰、面面俱到。喋喋不休、不知所云只会招致听众的不满。

相信读者朋友在学生时代都有在电话机前犹豫不决的体验。时间宝贵，不容浪费。因此，为了准确、简短地传达信息，在迈出第一步之前的"起步准备"就显得至关重要。

法则：为了避免对方被自身的废话束缚，开口前不妨在心底模拟演练一下

3. 言简意赅：10秒打造鲜明个性烙印

· <u>善于说明只因具备这个能力</u>

"英国为什么要脱欧呢？"

"相比于国家的未来，民众更关注当前生活所面临的问题，尤其是难民问题吧。"

在我的朋友圈中不乏善于说明的高人，即便面对复杂的时事政治问题，也有人能在10秒内给出简单易懂的解释，这不得不归功于他的博览群书。相识十载有余，据我所知，他的笔记本总会记着大量新闻报道的摘要。

"记录这么多信息，你可真勤奋啊。"

"没，其实这样密密麻麻的情况并不多见。"

一问才知，他还有一个习惯：记录的新闻若能自如地向他人描述，则删除此页信息。最初或许写下不少内容，通过不断提炼、删减，向他人说明已非难事。

这便是具有其鲜明个人烙印的"言简意赅的能力"。

· 简单提炼的能力至关重要

当今时代，人们接收信息的来源可谓多种多样，如书籍、网络等。由此，信息量堪称庞大。

高明的商务人士可以迅速抓住主题和关键，例如通过新闻的标题、会议的议题、资料的题目等。不仅如此，他们还善于归纳与自身有利的答案、有意识地引导听众。

试问，在 20 年前，谁会想到如今仅凭单手操作的笔记本电脑便可轻松搜索信息？当今时代，信息漫天飞舞，但是，整理和储存信息的工作只需交给电脑即可。

只是，去粗取精、去伪存真的鉴别和筛选需要我们亲力亲为。

立足当前，人们需要磨炼信息分类的能力。

相比于事无巨细都要喋喋不休的人群来说，可以简短准确地传达信息的人们更容易成为时代的宠儿。

法则：磨炼言简意赅的能力！通过信息分类分出高下

4. 筛选 10 秒高质量信息

· 可以速记的信息量仅有 10 秒钟

我主持的节目是 17：55 开播的天气预报。天气的关键要素是水气。而水气伴随气温指数的起伏，雨量警报也各不相同，因此，我对匆忙核对信息、在开播前 10 分钟才进演播室已是习以为常。

一如既往地步入演播室，17：53 开始的广告已经放了一半。伴随噼啪的脚步声，一名年轻同事慌张地冲进演播室："最新消息，据 17：40 的观测记录，沼田市雨量约为 110 毫米。字幕已经准备好，和上周一样。"

"知道了，谢谢！"

收到这则消息后，我在 17：55 开播时就以大雨作为切入点。

"就在刚才，群马县沼田市遭遇暴雨侵袭，一小时内雨量多达 110 毫米。当前的雨量警报如屏幕下方所示。"

由于那名同事迅速、正确地传递信息，虽然距开播仅剩 2 分钟,依然不影响我播报最新消息。

· <u>什么是简短而优质的报、联、谈</u>

由于时间紧迫而不得不简单表述,这在商界可谓屡见不鲜。越是身居高位,越是注意把握时间。

上司需要管理多名下属、把控多个项目,因此时间不能被某个东拉西扯的下属占用。

试着从上司的角度设想一下吧:"希望了解签约进度""担心项目推进不顺"……

在有限的时间内做出正确的判断,这是上司的使命。因此,汇报简洁高效的下属自然更受青睐。

不过,如何在10秒内完成报(汇报)、联(联络)、谈(商谈)呢?在此介绍两则简单的方法。

第一个方法是以先前的类似事例留下"共同印象"。

"虽然谈的是○○,却与上回的△△相似。"由此,双方皆可在脑海中勾勒相似的形象。

第二个方法则是率先抛出自身的"假设"和"原因"。

"关于○○,我的想法是△△,因为□□。按照这个思路考虑如何?"

如果双方意见相左，这么做也可节省对方反问"为什么"的时间。

总之，"10秒报、联、谈"有助于抓住沟通的要点，之后便可慢慢展开、彻底交流。

法则：为对方着想的高质量"10秒报、联、谈"可以收获好评

5. 10秒演讲，你也可以滔滔不绝

· **不可避免的社会寒暄**

"我是春季入职的新人，每每公司酒会只能悄悄溜走，今天总算轻松了。"

向我点头致意的是隔壁部门的职员，加入公司不过一年。由于他自我介绍的声音太轻，很快就被周围的喧嚣淹没。

酒会也已临近尾声，我不由瞥了一眼，只见他独自喝着乌龙茶，不时地望向墙上的挂钟。

"工作已经适应了吗？"

"嗯，还行……"

虽然我们有问有答，但他的声音依然轻得如蚊子叫一般。

"不习惯这样的公司酒会？"

"说来话长……"

正当此时，突然传来部长的大喝："喂，新来的！

到大家面前说两句吧！"

他不由身躯一震，我顿时都明白了。

"公司酒会令人郁闷"的声音近来愈演愈烈，尤以年轻人为最。与二三好友聚会自然不在话下，但是对于大型的公司酒会，许多人却畏葸不前。中途离席，望着四周觥筹交错、气氛热烈，感觉自己格格不入，却又不好离去。甚至，担心被上司要求"说两句"而忐忑不安……由此，形单影只、孤寂不群的挫败感深深刻在心里。

很多怕生、不善言辞、内向、自卑的人大多对出席酒会顾虑重重。

伴随网络社交的发达，人们当面交流的机会大为减少。相较于忐忑不安地打电话，发一封邮件可就轻松许多。

但是，**正因为虚拟空间的交流是当今时代的主流，面对面沟通的能力也凸显差距。**

此外，通过社交网络可以"实时"确认对方的"状况"，但是如果没有四目相对，很难把握对方的"心境"吧。甚至，有时候还会不经意地因为"文字或图像"产生误会、心生嫌隙。此时，为了修复关系，需要见面"表达"自己的真实想法吧。

· 10 秒的准备可以带来勇气

遗憾的是，我并没有巧舌如簧的天赋。因此，关于如何缓解紧张情绪、表达自身想法、与初次见面的人侃侃而谈，我只能努力探索。终于，我找到了 3 条答案。

① **热身运动**
② **练习**
③ **同伴意识**

正如热身不足容易在运动时负伤一样，不加准备地仓促开口，除非天赋过人，否则必会漏洞百出。

沟通的"热身运动"在于组织语句。没必要准备长篇大论，**只要保证可以轻松说上"10 秒"即可。**

"练习"则是以"10 秒"为一组，通过反复演练达到成竹在胸的境界，"勇气"油然而生。

有了"同伴意识"，便可在不破坏气氛的前提下为对方"着想"，堪称完美。

只要确保最低限度的热身运动和练习，单凭"10 秒沟通技巧"即可避免冷场的局面。

· 用 10 秒分段，演讲不再犯难

想必大家都有这样的体会：假如演讲简洁，短期准备或许不难。一旦时间延长，容易遇到障碍。

"突然要我发言，怎么办……"烦恼之时不妨按照"10 秒"考虑，或许会有柳暗花明之感："说上 10 秒还是可以的吧！"

演讲只有"10 秒"，想必也是无暇他顾吧。

然而，假如"10 秒"太短，可以"按 10 秒分段"。**无论多长的演讲，其实也由简单的词句组成。因此，对每"10 秒"的内容字斟句酌，这也是"表达"的基础。**

如果你留心观察会发现车牌号和电话号码通常会加入"连接字符"，分段有助于记忆。分段组织语句，这对于容易紧张而忘记发言内容的人们具有奇效。

如果你缩短时间还是无法做到，那么也不必奢望长篇大论、滔滔不绝了。

首先，迈出"10 秒"沟通的第一步吧。

法则：做好"10 秒"的语句和心理准备，鼓起在众人面前发言的勇气

▌专栏 1　面试的神奇逆转！最后 10 秒分胜负

　　在学生时代的最后一个春季，我先后参加过三十多次面试。所以，本次面试只进行了 3 分钟，我便已心中有数："哎呀，又要落选了……"我在自我介绍时磕磕绊绊，对新闻的评论也是不得要领。双腿颤抖不停，置于膝上的双手掌心也都是汗。

　　"面试到此为止，就这样吧。"对面语调冰冷，甚至不屑于看我一眼。

　　"结束了……"但是，我不知道想到了什么，完全是下意识地握紧双拳，"成为播音员是我的梦想，所以今日专程前来。如有不足之处，也请直言相告，以便今后改进。"

　　这 10 秒钟的肺腑之言出于对先前屡战屡败的愤懑，说完之后，紧张的情绪也大为缓和。

　　两天之后，我终于收到录取通知书。

　　"起初对你印象一般，不过，听惯了应聘者们的'谢谢'或者'请多关照'。你最后 10 秒的话令人印象深刻，我们前所未闻。"在入职之初，为我面试的部长终于揭晓答案。在面试之中,印象一般往往意味着不被录用。

因此,这最后"10秒"可谓力挽狂澜,改变了我的人生。

第 2 章

常见难题也可"10 秒"解决

6. 10秒准备，即兴发言不犯难

· 高档礼品与"受之有愧"的矛盾

"最近出席宴会时被抽中礼品，结果弄得我苦不堪言……"

这本是可喜可贺的好消息，但我的美食家朋友却闷闷不乐、语调低沉。

那是一场多达百人的盛宴，美味堪称一流。来宾无不心醉神迷、大饱口福。

"接下来是备受期待的抽奖环节，我们将抽取5名嘉宾献上高档红酒！"

主持人难掩兴奋，特别强调了礼品的贵重。我的朋友看了一眼手中的号牌，上面写着7号。

"第一位幸运嘉宾的号码是52号！"她不禁有些失望，但主持人接下来的一番话却让她的想法发生180度的转变，"恭喜，有请52号嘉宾上台为大家简单说两句吧。"

中奖的人还要发言……那可麻烦,算了,还是不要中奖吧。

不过,命运似乎就爱捉弄人:"下一位中奖号码是7号!"

朋友本想装作不在现场,却被周围的嘉宾逮个正着、催促上前。结结巴巴地说了几句,原本其乐融融的宴会沦为她烦恼的回忆。

· 事先备好"10 秒自我介绍"便可高枕无忧

被人点名"简单说两句"的情况实属平常,**失败的主要原因在于"事出突然"而"不知道说什么好"**。既然这样的难题频频遭遇,事先做好"准备"、以防不时之需方为上策。

如果缺乏预案,难免惊慌失措。而且,用"准备"来描述或许程度太重。其实,只要事先备好"10 秒自我介绍"。例如,在手机上打草稿,写上三四行即可。一旦被人点名,便可拿出手机对照,并视现场气氛略作修改。我们不妨参考下文的例子。

"今日承蒙款待，不胜感谢。"

+

"10 秒自我介绍"

+

"牛排真是超赞，甜点也很可口，真是太感谢了！"

事先备好"10 秒自我介绍"，无论走到哪里，面对突然的点名也不至于慌乱。接下来，我们探讨一下如何编写"10 秒自我介绍"吧。

法则：随身携带"10 秒自我介绍"，视现场气氛修改语句

7. 10秒介绍：用数字展现个人魅力

· 介绍他人毫不费力的秘密

在一次酒会上，我和主办者达成了这样的共识：

"如果要求大家花30秒介绍自己，每个人都会滔滔不绝，可能1小时都打不住。但如果知道是要求介绍他人就会很轻松吧。"

仿佛被一双看不见的手操纵似的，在我们进行自我介绍时，由于自身信息量太多，又难以取舍，所以人们大多超时。与之相对，在介绍他人时，由于聚焦最光彩夺目的特点，基本可以做到言简意赅。

· 简单而又吸引眼球的"标语"

电视广告一般都在15秒左右，又以画面感十足的镜头介绍商品或服务的形式较为多见，例如舒适温馨的住宅、肉汁缓缓滴落的牛排、可爱的卡通形象……其中，能给观众植入深刻印象的信息便是"标语"。

没错！京都说去就去！（JR 东海）

金钱买不到的价值。（万事达卡）

痛快战斗一回！（力保健）

装下 100 人也不是问题！（INABA 仓库）

漂亮女士怎不喜欢？（松下）

不放弃、不抛弃！（KAPPA 虾仙贝）

怎样？虽然这些是老广告，但想必你对此还是有印象吧？

无须名人代言或者名曲伴奏，只要标语特色鲜明，再简单的广告也可给人留下深刻印象。

· 打造最佳"10 秒自我介绍"

高明的自我介绍就是精选自身最突出的性格或优点，也能让别人表示认同。

接下来，我们试着构思自我介绍吧。

步骤 1

首先，你经常会收到哪些赞语？你最引以为豪的特点和座右铭是什么？

- 厨艺精通
- 声音具有穿透力
- 善于照顾他人
- 喜欢读书
- 擅长打扫卫生

请把能想到的都写下来，这些都是你的魅力所在。

步骤2

列举自身的魅力之处之后，你可以分别加上说明，编制符合自身的"标语"。此时的关键在于多用"数字"表现，即把自身独一无二的特点用具体的数字呈现。

以前文的"INABA仓库"为例，"装下100人"给人以坚固耐用的印象，凸显商品特征。

- 厨艺精通——每天可做10格便当。
- 声音具有穿透力——在新年首次庆祝活动时，虽然前方人头攒动，但远在100米外的同伴依然能听到我的声音。
- 善于照顾他人——作为家中五兄弟的老大，在我10岁时就给最小的弟弟换尿布。

・喜欢读书——利用上班路上的时间看书,每月可读 20 本。

・擅长打扫卫生——每周五天工作日都是把厕所打扫干净后再去上班。

数字是传递信息时不可或缺的要素。由于引入数字,再微不足道的小事也会给人以"真了不起"的感觉。

步骤 3

根据不同的场合,从步骤 2 中筛选魅力点,然后问一问自己:为什么要在这里发言?自己所说的内容与听众有怎样的关联?从哪一点切入更容易被接受?选出合适的"标语",并且凝缩在 10 秒左右。

在业务推介的场景,常见的自我介绍是:"我是〇〇〇〇,具有社保劳务相关执业资格,专门从事年金管理业务,在新宿工作至今已有 20 年。"

而在相亲活动,则要凸显特点:"我是喜欢做菜的〇〇〇〇,从大学开始自己做便当,已有 10 年经验。每天早晨我都会做好十格便当再去上班。"

步骤 4

最后，再次确认自身的处境，适当补充语句。

例如，感谢款待、为主人送上祝福、祝愿友谊天长地久……穿插一些应景的话语，可以为"10秒自我介绍"锦上添花。

若是开场白，我们可以这么说："今天受邀参加如此盛大的宴会，不胜感谢。""初次见面，我是〇〇。久仰大名，今日得见，深感荣幸。"

如果作为结尾，不妨试着说："如果您对〇〇同样兴趣颇丰，今后也请多多聚首。""假如您对〇〇烦恼不已，请尽管向我提问。"

由此，完美的自我介绍轻松打造完成。

关于步骤2得出的"标语"，如有可能，不妨征询一下朋友或家人的意见。集思广益的结果就是正式推出也更有信心。此外，我们可以在手机备忘录或便笺本上做笔记，方便随身携带。

根据不同的场合，选择合适的"10秒自我介绍"，便可侃侃而谈。

打造各类"10秒自我介绍",辅以前后语句的穿插,一切皆有可能!

此类"10秒自我介绍"长短适中,更容易被听众接受,结合场合可灵活运用。例如:被要求简单说两句的时候、交换名片、擦肩而过或者打电话等场合。

相比于体积庞大、不便携带的物品来说,如手掌般大的小件递出去更能被对方接受,自我介绍也是同理。**与其长篇大论,不如言简意赅,既能为初次见面的听众减轻负担,也可方便自身携带和记忆。**

"标语"有时会比你的姓名更让人印象深刻。

"没错,没错,就是那个可以做出十格便当的人。"如果能被别人这样记住,那就是你的胜利。

法则:个人魅力以具体数字展现,打造各类标语和自我介绍,视场合使用

8. 先发制人,打造自己的 10 秒节奏

· 越快轮到自己,越要多加鼓励

"哎?怎么回事?不是简单说两句吗?哇!第二位好能说啊,怎么办呢……"

我的某位朋友第一次参加幼儿园的家长会,原本兴致挺高,结果在每名家长介绍自己孩子的环节却突然紧张起来。第一位家长口齿伶俐,说了 1~2 分钟,对孩子的特征也是介绍得面面俱到。第二位家长更是侃侃而谈,声情并茂地描述女儿的性格,并且穿插几则趣事。

"哇!马上轮到我了。万一搞砸了,会给孩子造成不良影响吧。哎呀,这可怎么办呢?"

"我是○○的妈妈,请多关照。我家儿子擅长绘画,呃,呃……最近我们去了动物园,还画了熊猫。那个,那个……画得惟妙惟肖,爷爷奶奶都是赞不绝口。于是,他就更喜欢画画了……啊,抱歉,我在说什么呢……只要简单说两句就行吧,那么,那么……叫他○○就可以了,请多关照。"

虽然才刚 4 月,她的额头、手心还有后背已是汗珠

微渗，而且满面羞红，声音也有些颤抖。回去的路上，她越想越觉得对不起孩子，最后把自行车停在一边，竟然哭了起来。

考虑到她多年安心在家做全职妈妈，鲜有当着众人发言的机会，这样的表现其实也在情理之中。

· 把紧张留在开头，抢先举手发言吧

如果是多人轮流自我介绍的场合，前面的人发言越是精彩，等待的人越是担心。紧张的感觉越来越强烈，对自身的发言就越来越没信心："这么说真的合适吗？"此时，若以"冷静、别慌"加以劝慰，只会适得其反，令对方更加忐忑。

既然是依序自我介绍，建议果断举手争先。虽然这需要很大的勇气，但是紧张的感觉也仅限于起初的那段时间。假如序号靠后，担惊受怕的时间就被拉长，心跳也会越来越快。

这么做最大的好处在于"亲自立下规则"。在多人轮流自我介绍的场合，第一位发言的人往往定下基调。所以，举手争先、把事先准备好的"10秒自我介绍"娓娓道来即可。于是，之后的人们纷纷效仿，按照10秒的节奏展开自我介绍。

第一个举手,而且辅以精心准备的自我介绍,听众无不对你印象深刻,压力也都甩给之后的发言者。

如果自我介绍的总人数颇为庞大,越到后面,听众越是兴趣索然。非但印象寥寥,而且反应冷淡、缺乏互动,更不利于发言者的发挥。

因此,假设简单说两句的情形在所难免,还请奋勇争先:"序号越是靠前,听众的评价也越高。"

法则:鼓起勇气,力争第一!通过"10秒自我介绍"立下规则

9. 想要能说会道？1天只须练10秒

- **按下回放键后，听起来像是动画配音**

"部长，请指点！"

我紧握着一盘自己播报新闻的录像带，与部长一起迈入狭小的播音部。房内一角就是试映间，播音部的员工称之为"说教室"。

"哇，这是谁的声音？一点也不像是念新闻……"

由于我声调太高，完全不像是新闻播报，更像是给动画片配音。录像中的我始终低着头，任凭披散下来的头发遮住眼睛，视线也从没离开过稿件。就以这样的声音和仪态示人吗？……真是无地自容。

在成为播音员的半年内，我日复一日地与部长来到这个毫无试映间风格的说教室，各种丑态的回放也是惨不忍睹。

每天看到录像中的那副模样，我都会目瞪口呆，继而激励自己彻底改正。

· 试着聆听自己的声音

你是否录下自己的声音并且回放，或者看过自己说话时的录像呢？

如今录音可是轻而易举。手机大多配备录音功能，智能机更可通过语音信息的模式进行录音和回放。此外，通过手机录像还可轻松录制视频。

试着听一听自己的声音吧。

现实总是令大多数人震惊。我们自己对自己的声音习以为常，但在别人听来，感觉却完全不同。

所以，我还是建议读者朋友尝试一下。

首先，对"10秒自我介绍"录音。

其次，站在镜子面前，对自己进行全身或者上半身的录像。所以，究竟以何种形象示人，不妨仔细审视并加以调整。

感觉怎样？

每天只需"10秒"，想到时多练几次即可。然后，无论身处何地，"10秒自我介绍"皆可娓娓道来。久而久之，自我介绍便可脱口而出，继而**信心渐增、怯意大减**。

如此一来，各类场合都能游刃有余，例如酒会中的举杯致辞、家长会的简单寒暄、相亲会的自我介绍、与初次见面的客户交换名片……

　　是消化吸收朋友的精彩发言，继而为自己量身打造自我介绍，还是忐忑不安地走上讲台，不知该说些什么？两者给人的印象完全就是天壤之别。

　　虽然播音员大多给人"能说会道"的印象，但在我看来，他们只是"善于预先做好准备"。

　　来吧，试着迈出这第一步吧。与其在正式场合丢人现眼，不如眼下抓紧多练……只需每次练上10秒，必可逐渐熟练。

　　法则：站在镜子前对"10秒自我介绍"录音。每次练习10秒，逐渐告别畏惧心理。

10. "简单说两句"时，不妨只说10秒

· 祝酒词什么时候说合适

由于自身从事的职业，我常常受邀担任婚宴的司仪。每每深感荣幸、欣然从命，但是祝酒词却成了瓶颈。

对照座位表观察实际就座情况，尤其是看到几位发言的嘉宾入座后，我迅速上前招呼："在我说干杯之前，可否先请您发言？"

在得到对方肯定的回答之后，我进一步问道："计划说多少时间？"

若是"简单说两句""1分钟内"的情况，我会把他们安排在宴会伊始且众人已举起酒杯的时候。

如果发言超过1分钟，我就让来宾坐着听完，然后再请大家起立、举杯。鉴于婚宴时间普遍较长，如果来宾从一开始就举着酒杯听一段长篇大论，难免心生厌烦。何况，在场的嘉宾不乏老人和孕妇。

不过，所谓"简单说两句"，实际仍然会有人讲上

好几分钟。

"正如主持人所说,我是●●公司的▲▲,与新郎和新娘是同事。〇〇先生,△△小姐,恭祝二位新婚快乐。同时,我也要为两家的亲朋好友献上衷心的祝福。今天有幸受邀发言,我就简单说两句。我与新郎〇〇先生第一次见面还是……那时的他……两年后,新娘△△小姐也加入公司、进入总务科。自从△△小姐入职后,〇〇先生的工作态度可就大不一样呢……但是,那时候我完全不知道二人正在交往,收到请柬后还愣了半天。不过,回想起来,〇〇先生倒是和我提过对△△小姐的第一印象……"

内容倒是丰富多彩,从最初的见面到最近的工作可以说是应有尽有。不过,起立举杯的来宾渐渐有些不耐烦,会场的气氛略显尴尬:有些人面面相觑、慢慢放下酒杯,年事已高的长辈干脆坐下,穿着高跟鞋的女士悄悄活动一下脚踝,远处甚至传来窃窃私语的声音……

- 送上原创的 10 秒信息即可

关于婚宴的祝酒词,如果司仪已有介绍,致辞的嘉宾不必再做自我介绍。至于工作内容和陈年旧事，完全与今天的婚礼无关，索性能省则省。

"○○先生，△△小姐，恭祝二位新婚快乐。同时，我也要为两家的亲朋好友献上衷心的祝福。"

就发言来说，核心的内容无非这两句。**而对新人来说，"今天是大喜之日""对新郎新娘的描述"才更有意义，只要以自己原创的语言有所提及便可。**

"今日晴空万里，预示着两位美好的未来。"

"新郎○○先生年轻有为，连续三年稳坐销售第一的宝座。"

"新娘△△小姐总是细致耐心、准备周全，堪称全能助手。"

然后，表达自己的真情实感："△△小姐名花有主，我多少有些嫉妒呢。但是，不得不说，两位实属天作之合。"

"幸福总是越久越好，发言还是越短越好吧。"之后，可以视情形插科打诨两句，再提高音量推动全场干杯，"最后，为了两位的美好明天以及两家的繁荣兴盛，让我们一同举杯祝贺。干杯！"

举杯祝酒是从婚礼过渡到婚宴的重要时刻，因此把握节奏、营造气氛显得至关重要。这并不意味着我们要三言两语快速说完了事,而应精神饱满、节奏平稳、言简意赅,打造"话语简短而凝练"的宴会气氛。

对宣布"干杯"的人来说,首要任务是"活跃"会场气氛,说的内容倒是其次。因此,怀着欢快的心情,提高音量喊出"干杯"吧。

如果话语得当,会场也能深受感染。观众纷纷附和,气氛一片热烈。这样的场景无疑会给新郎新娘以及来宾留下长久且深刻的印象:"嗯,让○○来主持真是太好了。"

法则:考虑现场需要扮演的角色,不说废话

11. 电话沟通,要点控制在 20 秒

· <u>私人时间依然收到邮件,工作电话更是避无可避</u>

"我真的好讨厌电话,有时你不知道对方到底在说什么,有时你不知道自己该说什么。要是没有电话,我感觉也没什么大不了!"

嗯……这话如果让电话之父——格拉汉姆·贝尔听到,恐怕他会泣不成声吧……

最近,世人对电话的抱怨可谓不绝于耳,对于习惯用邮件和社交网络交流的年轻人尤为如此。邮件和社交网络足以满足私人时间的沟通需求,但工作需求可不止如此,因此必须和电话搞好关系。

不过,在讨厌电话的群体中,不乏对"录音电话"心存偏见的人们。

"听着铃声作响,正想着对方是不是不在家,突然哔的一声转到录音电话。录音电话不仅惹人烦,而且必须 20 秒内说完……每每时间不够用,我都好有挫败感。"

如果一言不发、就此挂断电话，未免有些失礼。即便没有要紧的事情，至少也要让对方知道是谁打来的吧。

· 克服"魔鬼20秒"的方法

"突然转到录音电话，而且只说20秒怎么够嘛！"对于抱有此类想法的人来说，挂断电话也是无奈之举。一边思考一边说，结果只能留下一堆不知所云的录音。不过，让我们整理一下思路，想想需要迅速表达的内容吧。

通用的录音电话模板如下：

①报上公司名称（头衔）和姓名
②确认打电话的对象是否正确
③说明事项
④表达意愿，还会再打还是希望对方回电话

"我是○○○○公司的△△△△，承蒙关照。
您是●●先生吗？
关于▲▲事项想和您商量一下，所以冒昧打来电话。
我还会再打来的，再见。"

话说回来，为什么电话录音的时间大多设置为20秒呢？这与人的记忆有关。20秒可以让对方把听到的信息记住，而且这也是留言的一方简要说明的最短时限吧。根据心理学布朗－彼得森范式（Brown-Peterson Paradigm）的理论，一个人假如不刻意去记，他的记忆会在18秒内消失殆尽。

既然时间有限，自然需要整理信息，用便于聆听和铭记的方式来讲述。

想说的事项与邮件的标题类似，滔滔不绝的话明显时间不够，而且一不留神还会遗漏信息。前两天，我家的电话录下了医院的联络信息，虽然明显是打错了："关于今天交给您的试管，请务必记得采集两天的粪便……"

虽然这通电话语速慢得出奇，但听起来却是恰到好处。对于公司名称之类脱口而出的话语，我们往往不由自主地加快语速，所以还是有意识地慢慢说吧。

对于陌生来电，我们多少有些顾虑吧。特地转到安静的场所接听，结果却是不知所云，难免大为不满……所以，从接听的角度来说，话语简单易懂、避免慌乱堪称关键。**每次拨打电话之前，我们都要做好对方不便接**

听的假设。

电话是推动商务活动顺畅进行的利器。从今开始,面对电话录音,请务必尝试留下信息吧。

法则:切换到电话录音时留下信息。徐徐自报家门,言简意赅地说明原委。

12. 谈话高手的 3 个附和技巧

· <u>如果无话可说，不妨转变为最高明的听众</u>

"你是什么血型？"

"O 型。"

"我是 A 型哦！"

"……"

谈话戛然而止，气氛一时凝固。

（昨天看的书提到不能冷场，所以总得说点什么吧……）

"我其实有点神经质……"

本想缓和气氛，结果却给自己挖了个坑！

与初次见面的人话不投机，处境确实艰难。若能开门见山地表明来意，或许可以展开讨论，否则真是无话可说又不知如何是好。一旦没话找话，难免言多必失，危害或许更胜于冷场的尴尬。此时，有一招可以让我们迅速脱身——**转变为"最高明的听众"**。

如果头脑一片空白,无须就此放弃交流,只要我们引导对方发话、使其娓娓道来即可。

"原来如此""你可真棒""愿闻其详"……此类表态可令对方心情大好,他的话匣子自然打开。令人称奇的是,哪怕你什么都没提及,依然可以给对方留下极佳印象。因此,不必岔开话题,只要侧耳倾听,足以令对方称心快意。

在话题不知如何展开的时候,不妨扮演促使对方发言的角色吧。

· 向谈话高手学习"附和"的技巧

提起能说会道的艺人,我对明石家秋刀鱼先生甚为推崇。我们不妨一起探讨他的过人之处吧。

他的最大特色在于巧妙引导他人说话,最具代表性的技巧就是"附和",具体可分为三类。

① **用力点头**

"嗯""哦""是是"……

② 引导对方说下去

"然后呢?""结果呢?"……

③ 简短重复对方的话语

"啊,这么说,你的意思是○○……"

"当时的情况就是○○吧?所以,你就这么说了吧。"

"总而言之,就是○○吧?"

"原来如此。所以说就是○○吧?"

第③条"简短重复对方的话语"有助于观众迅速进入话题,对于刚刚打开电视机或者之前漏听的人群来说尤为有效。

如果听众反应平淡,只是默默聆听或者微微点头,人们就会感到不安,担心对方是否认真在听。若能像明石家先生那样巧妙引导,相信人人都会侃侃而谈吧。因此,高明的引导堪称打造良好氛围的绝佳手段。

对于商务活动来说,以会议主持人为例,认真聆听发言、营造畅所欲言的会场气氛就是他的职责所在。

这种引导不是简单附和,而是摆出对发言颇有兴趣的姿态。因此,简短"复述"对方的发言堪称商务人士的实用技巧。

① 复述——重复对方的词语和句子
② 同感——表示理解对方的立场和心情
③ 概括——提取对方话语的要点
④ 转换——换一种说法解读对方的话语

在聆听对方的发言之后，合理加以归纳总结，例如："○○的意见其实就是△△吧。"同全体与会人员共同确认对对方话语的理解是否正确，能让会议气氛顿时热烈起来。

不仅是"沟通技巧"，"聆听技巧"也是人人皆可掌握并且受用一生的技巧。即便不善于表达自身观点，若能巧妙聆听，这也是你的过人之处。

法则：高明地引导，巧妙地聆听

▶ 专栏 2　意外状况在所难免！时间突然不够了怎么办！

在入职 5 个月后，我负责主持早间美食节目。这档节目于每天上午 7：55 开始，我会用 2 分钟时间讲解烹饪步骤，余下的 3 分钟请嘉宾品尝并发表感想，最后于 8 点整结束。

然而，某天在节目开始的 5 分钟前，导播突然告诉我："今天时间有限，所以讲解压缩到一分半钟吧。"

对于只会照本宣科的我来说，砍掉 30 秒钟不亚于晴天霹雳。"怎么办？"我冷汗直冒，慌乱翻阅稿件，依然无计可施。对食材的介绍总不能以一句"大家请看"敷衍了事吧？无奈之下，我只能加快语速。结果，讲解的最后说成了："嗯，做好了，你尝尝吧！"嘉宾一阵大笑，继而贴心地说："嗯，人人都可以做好，由我来尝一尝吧。"

自那以后，为了应对时间突然被压缩的局面，我会把稿件的重要部分用红笔标注，并给可删减的部分打上括号。

对商务场合来说，紧急缩短宣讲时间、幻灯片播放时间可谓家常便饭。只要和我一样多多假设可能的突发情况，便可做到有备无患。

第 3 章

沟通高手的 10 秒表达诀窍

13. 挖掘对方需求，回答要比问题更短

・对方期待的回答是你的"借口"吗

在我负责监制天气预报期间，节目的策划会议定于每周二召开。在某次会议的最后，制片人对一位年轻导播说道："那么，枫叶主题的策划书就交给你了。"

"好，感谢您的信任，我一定尽力而为。"

这是年轻导播第一次独立制作策划书。只是，他的任务已是铺天盖地：既要为交通费预算和设备配置等杂活操心，又要为夜间广告等方方面面考虑周到，更何况本周每天都在忙于拍摄。

"总算分到中意的策划任务啦！虽然你已经忙得不可开交，但是加油哦。"

"好的！本周先把别的拍摄任务完成，计划下周交出策划书。做好之后也请荒木小姐过目、指点。"

周四，制片人突然从我座位后方穿过，在刚从拍摄现场归来的年轻导播身边站定："话说，周二交给你的枫叶主题策划书怎样了？"

"啊？您辛苦了！那个……没有具体要求上交时间，所以……本周又加进了别的拍摄任务，我想先把它告一段落……啊，周末一鼓作气弄的话，我想下周二晚间的会上可以交出策划书……这样，您看可以吗？"

听完这番辩解后，制片人一言不发、拂袖而去。

· 挖掘对方的需求

年轻导播应该如何回答才好？我们不妨分析一下。

① 周二收到制作策划书的任务
② 没有特别要求提交日期
③ 本周忙于杂活、广告、拍摄等，时间完全不够
④ 按照现状，当前无暇启动
⑤ 周末开始制作
⑥ 计划下周二提交

①~⑥之中，哪些要素必不可少？

"策划书怎样了？"这句提问本身模棱两可，其实制片人的意思是："策划书的编制进度怎样？"对此，

最直接的回答是④，表明"还没有启动"的状态。不过，单单"还没开始"的回答只怕会让对方勃然大怒吧。

因此，必不可少的要素还有一条。制片人希望听到的回答是什么？那就是结果，对应⑥的提交日期。

"抱歉，策划书还没开始制作，但是下周二可以提交。"

回答正好控制在10秒左右。

我们是从全局分析，自然可以删减不必要的话语，但是日常对话做不到如此全面。

面对询问，人们时常不自觉地画蛇添足。即便对方没问，类似"没有明确要求截止时间""本周忙于○○"这样的废话也会脱口而出。然而，这些只不过是个人的借口，完全不是对方需要的信息。

"作业？我正打算做呢……"这样的借口在学生中并不少见，遗憾的是成人的世界也会有类似的拙劣表现。

挖掘对方真正想要的答案，斟酌语句，巧妙应答。我们的目标是答案比问题更短。

法则：挖掘对方需求，简短表达

14. 流芳百世的名人名言一般不超过 10 秒

· 从〇〇跳下的人们

"抱着从悬崖上跳下的决心,我勇于挑战。"

2016 年 6 月,宣布竞选东京都知事的小池百合子女士在记者发布会上语出惊人。

之后,其他候选人争相效仿。增田宽也先生表示具备"从晴空塔上跳下的决心",连大热的石田纯一先生也说过"从直升飞机上跳下"的话。小池女士的发言一鸣惊人,公认"印象深刻",所以大选也以她的压倒性胜利而告终。

此外,说到字字珠玑、足可载入史册的政治家,前首相小泉纯一郎不得不提。

2001 年 5 月 27 日,在夏季相扑大赛的压轴比赛中,带伤上阵的贵乃花勇夺横纲头衔。在颁奖仪式上,时任首相的小泉递过奖杯,并且高度赞扬了贵乃花。

"忍着疼痛依然拼搏,令人敬佩,恭喜夺冠!"

欢声雷动的会场并没有因为这简短的话语而降温。恰恰相反，这番肺腑之言深深打动人心。

· 因为话语简单，所以印象深刻

体育明星并不像政治家那样巧舌如簧，但是也不乏佳句。

以活跃于美国职业棒球大联盟的铃木一郎为例。关于打破联盟尘封84年之久的单赛季257次安打纪录，他于2004年10月1日接受采访时是这么说的："我无非从零开始，积少成多，一步步走下去而已。"

关于打破纪录的动力，他轻描淡写地说道："因为喜欢棒球啊。"

至于今后的目标，他的回答更简单："希望可以打得更好。"

铃木一郎性格谨慎，平时惜字如金。在赛后的更衣室内也是寡言少语，只对比赛分析等深层次的问题详细回答。也正因为他的简单，反而给人留下深刻的印象。

名垂青史的奥运选手也留下不少名言，而且大多话语寥寥。

"这是我第一次想夸自己。"——1996年亚特兰大奥运会女子马拉松选手有森裕子。

"啊,感觉真棒,太棒了!"——2004年雅典奥运会男子100米仰泳冠军北岛康介。

在2016年的里约奥运会上,水谷隼实现日本乒乓球个人奖牌零的突破,他的获奖感言也令观众深受感动。

"今天如果输了,我会后悔一辈子,而且生不如死。所以我决不能输,必须拼搏到底。"

回想一路走来的岁月与汗水,实在一言难尽,这样的感受也在情理之中。只不过,给这番感受赋予灵魂,并且浓缩为三言两语,着实打动人心,并可口口相传。

除了简短之外,这些名人名言还有一个共同点——语句干脆利落,绝不拖泥带水。

"……的感觉""有……的可能""也许会……",此类表述总显得意犹未尽,倒不如言简意赅、一锤定音。

你只会重复别人的话吗?

你心中所想都说出来了吗?

你是否干脆利落地把话说完呢?

小泉首相的那番话只有短短 6 秒。却将他心中所想满怀深情地倾吐而出。所以，那些套话和惯用句尽可果断舍弃，如实表达心中所想即可。

无论何时，流芳百世的名人名言一定是朗朗上口又便于铭记的短句。

法则：以饱含深情的一句话分出高下！干脆利落地把话说完

15. 来自政客的演讲技巧：每段大概 50 字

· 简单易懂的话语可以打动人心

在上一项的介绍中，我们已经领略了小泉前首相的风采。他可是不折不扣的"10 秒表达"高人。回顾他以往的精彩发言，"10 秒表达"的确效果显著。

"我想问一问各位国民，邮政民营化是否确有必要？我想听一听各位国民的意见。"

在 2005 年 8 月 8 日的脱稿演讲时，虽然只有寥寥数语，小泉首相却多次提及"邮政民营化"和"各位国民"。

"哎？小泉首相是在问我吗？邮政民营化又是什么意思？要去投票吗？"

正面询问国民意见，言语坦率真诚。此前对邮政民营化漠不关心的民众为之感动，纷纷转向表示支持。

小泉前首相的发言素来不加修饰、单刀直入，即便再冷漠的听众也会萌生"此事与我有关"的意识。而且，为了避免对方为难，发言始终"简单""易懂"。

· 巧妙地把一段话浓缩为 50 字左右

小泉前首相的演讲还有一个显著特征,以其就职演说的片段为例。

"从这届内阁开始,我将推动'没有禁区的行政结构改革'。我会严格自律、奉献自身,恪守日本首相的职责,并且为此竭尽全力。另一方面,我也希望各位议员可以真挚地接受'变革的时代新风',共同推进值得信赖的政治活动。希望各位国民和议员可以理解并支持我。"

这一段话可谓短小精悍。

事实上,小泉前首相的演讲、发言大多都在 50 字左右。通过罗列短句,听众也是印象深刻。

· 句号画在哪里

在接受播音员培训时,老师不遗余力地告诫我说:"文章务必短小精悍。"

日语的主谓语排列自由且散乱,听者需从全文加以把握。为此,文章要听到最后,所有的内容都要塞进脑中。如果篇幅较长,记忆的内容更是不少。

在这个过程中,相对于"理解"来说,"记忆"更牵扯精力。

减少记忆的工作,把注意力放在"理解"之上,这样的说话方式才是真正的"表达"。

以一段话50字为目标。事实上,50字恰恰满足"10秒"的要求。

我成为播音员的那一年正逢小泉上台,因此他的演讲技巧时常成为我和同事们的研究资料。有一天,我无意中发现他的每篇演讲都在50字左右,继而惊叹不已。

由于主题明确,短小精悍的文章往往更富表现力。

对于含糊其辞、说话迟迟让人找不到句号的发言者来说,首先需要减少不必要的助词。即便要加,在同一句话内最好也不超过一个。

值得注意的是,明明逻辑上没有转折,人们说话时还是不自觉地会说"不过""然而"……

"昨天召开企划会议,不过,讨论的是选择哪里作为拍摄樱花的场地。然而,市内你有什么推荐的地方吗?"

这段话中的"不过"和"然而"纯粹只起连接作用,如果不是表达转折的意思,实际毫无存在的必要。

"昨天召开企划会议,内容是研讨樱花拍摄的取景地。市内你有什么推荐的地方吗？"

在日常谈话中，我们需要有意识地去除毫无意义的助词和语气词。心中所想也可顺畅地表达出来。

法则：删除多余的助词和语气词，文章控制在50字左右

16. 用"讲故事"的节奏沟通,不要"念完就跑"

· 10秒可以"快速"说完吗?

"真糟糕!"

"这招不好使啊!"

时隔十年之后,我重新回顾了刚刚担任播音员时的形象。同事们把我的录像精心剪辑,并且在我的婚礼上作为视频资料滚动播出。

"第一年担任播音员,肯定连皮毛都还没摸到啊……"虽然同事们精挑细选,婚礼当天我还是不忍直视视频中的自己——语速太快了。

我原本就有重度焦虑症,加之性格急躁,只见画面中的我快速地背稿,几乎连气都不喘。人与人的交流与投接球类似,投球时需要考虑对方能否接到。但是,那时的我完全就是投快球,一副只想早早结束、迅速离开的姿态。

如果你也是性急之人,千万留意自己。或许,你我具有相同的倾向。

大多数人一旦紧张，就会萌生赶紧结束的潜意识，内心逐渐焦躁，头脑飞速运转。语速跟不上脑速，又担心时间不够，于是顾不上字斟句酌，说话越来越快。"嗯？刚才说了什么？"对方上一个问题还没反应过来，下一段话又听漏了。节奏越来越跟不上，也无心再去理解说话的内容。

所以，不抢占对方时间以"10秒"巧妙说明，绝不是意味着需要你"加快语速"。

千万不能忘记，**说话的目的始终是"表达"**。

· "讲故事"的节奏最适合表达

播音员播报新闻的目标是"1分钟300字"。这是最便于传递信息的标准语速，连老人和小学生都可以听清并理解。1分钟300字，换算下来正好就是"10秒50字"。

让我们以儿童绘本的故事内容举例。

"从前有座山，山里住着老爷爷和老奶奶。老爷爷常去山中砍柴，老奶奶总去河边洗衣。"

差不多 50 字，试着在 10 秒内念完，感觉会是怎样？

只要把握这个节奏，便可避免我在新人时期犯的错误，不至于给人以"念完就跑"的感觉。

法则：10 秒 =50 字是最便于表达的沟通方式

17. 10秒说服对手的谈判技巧

· 开口大谈崇高理念和签约之后的销售员

"叮咚！"

在我产后回家的第二天、正好孩子快睡着时，门铃突然响了。从监控摄像头来看，是超市上门配货的销售员。之前，我向超市提交过详细的送货资料。

"请进。"

我慌忙抱着孩子开门，只见一位阳光帅气的小伙子站在眼前。

"恭喜您喜得贵子！多谢您提交资料申请。那么，我长话短说。我们的目标并不在于盈利，纯粹是出于对商品的自信，相信可以满足您的需要。因此，与我司签约的客户无不欢欣鼓舞。下单方式也不复杂，只要在我提供的纸上打勾即可。每周三我们的人员就会上门，再下一周商品便可送到……"

真是心直口快的风格。不过，还没有签约就和我谈下单的方式？！由于睡眠不足，我每天精疲力竭，怀中的孩子也不消停。我抱得又累又不安心，他后面的内容我也完全没听进去……

"对、对不起。孩子正准备睡觉，我回头再看吧。"

"啊？那打扰了。对了，这是通用型湿巾，请您体验一下。另外，这是产品手册。"

最后，合同自然没签，但从手册来看还是优点多多。例如经常断货的尿布可以预约后送货上门，于是未免觉得有些遗憾。

· 10秒频频表达

向顾客推销商品、希望对方签下合同时，应该说些什么呢？

即便不是销售明星，想必也知道换位思考的道理。如果是你在聆听销售员讲解，怎样的内容可以引起注意？

答案就是产品的"吸引力"。所以，**说话时需要站在对方的角度，想对方所想。**

以面对产后回家不久的妇女为例，她们不太出门购物，却又渴求婴儿相关的生活用品。在掌握基本信息之后，开头的"10秒"可以按照以下方式交流。

"我认为您当前最需要的是这个。海外库存经常断货,倒不如选择〇〇公司的尿布。确实从海外进口,而且还便宜!"

如此一来,在接过通用型湿巾时,我的内心多少也被打动吧。

"对处于△△状态的您来说,〇〇可以马上起作用。"

"之前的未决事项全靠〇〇解决,请允许我向您介绍。"

开宗明义、正确表达对对方的"吸引力",这堪称抓住人心的必备词句。

人心健忘,根据美国心理学大师扎荣茨(Zajonc)的"单纯接触效果"理论,即便起初兴趣索然,随着接触频繁,渐渐便可产生共鸣。

与其半年一次性说个1小时,倒不如以"10秒"分段、频频表达更佳。当然,在这宝贵的"10秒"内需要向对方详细阐明"吸引力"。

· 无精打采的学生突然齐刷刷看向自己

大学时期,我曾担任培训机构的兼职讲师。学生们白天在学校忙于学业和社团活动,傍晚来到培训机构时可想而知已是精疲力竭。或是趴在桌上一动不动,或是心不在焉地拨弄头发,或是张大嘴巴打着呵欠……无论我讲得多么神采飞扬,台下都是一片无精打采的样子。

但是,只要说出关键的一句话,大家突然齐刷刷地抬起头来。

"这里可是重点哦。下周的考试会考到这部分内容。"

仿佛按下了开关似的,学生们整齐划一地开始做笔记。

"嗯?哪里?哪里?老师再讲一遍吧!"

平常懒得举手的学生们突然积极提问了。对他们来说,下周的考试迫在眉睫,如何顺利过关可是眼下的头等大事。

正如此前所说,10秒沟通技巧打动对方的秘诀在于"吸引力"。"吸引力"通常表现为两类。

① 理想实现型
② 烦恼解决型

①是为实现"变成这样就好""得到这个就高兴"之类的愿望而提供方法。例如,"把 10 万存款变为 100 万的办法""像播音员一样流畅表达"。

②是为解决"不搞定就成大麻烦""眼下这是最大烦恼"之类的问题而提供办法。例如,"半年内消除 10 万赤字的方法""一晚搞定不擅长的演讲"。

从吸引力的角度来说,②无疑更能满足对方当前需求。

"调查"对方的现状,如果发现"问题、烦恼、不安、风险",提供具体的解决方案。这样的沟通方式较能被对方接受,对推进业务也有切实的帮助。

法则:选择对方最感兴趣的话题,10 秒内完成阐述

18. 想要一语中的？给你的谈话内容加标题

· 给演讲内容加上"标题"

"苹果重新发明手机！"

2007年1月10日，世界各大报纸的头条纷纷冠以如此醒目的标题。

就在此前一天，苹果的创始人史蒂夫·乔布斯宣布"iPhone"问世的消息。他的发布会轰动全球，堪称经典，甚至多年后还为人所津津乐道。

"10秒的话或能轻松简单做到，好歹还有本书的指导。但是要达到演讲天才乔布斯的水平？那我可是望尘莫及啊……"或许有人抱有这样的念头，但是请不要妄自菲薄。对乔布斯的演讲进行抽丝剥茧的分析之后，可以发现，演讲天才乔布斯的秘密就是，他使用的都是简单可行的基本元素。

报纸的标题源自他演讲中的一句话。

"Today, Apple is going to reinvent the phone."

"今天,苹果将重新发明手机。"

这也是他给"iPhone"发布会定的题目。

在把对方引向沟通的目的地时,我们需要事先揭示主题,并冠以"标题"。主题和标题的定义或许有些难以区分,但是标题可以简单找出近义词,如"抬头""标语""头条"等。举例来说,如果主题是"昨天发生的事",那么"三代同堂乐,夏季大烧烤"就是标题。若是以"自我介绍"为主题,标题就是"重度焦虑症的播音员"。

从一开始就表明"标题",既可以给对方留下印象,也方便沟通时的相互理解。

在取标题的时候,我们需要多加考虑。在沟通之后,对方即便离开,头脑中至少也要记得"标题"。"刚才〇〇女士说的是关于△△(标题)的事。"使对方在向他人转述时可以做到如此表达,这就是我们的目标。

· 效仿电视节目的"侧面字幕"

关于沟通伊始抛出的标题,建议控制在10个字以内。

你是否留意过电视节目的"侧面字幕"即屏幕右上方的文字呢?有了这行文字,即便观众刚刚打开电视机,播放的节目及内容梗概也可一目了然。

观众通常没什么耐心，如果对电视画面的第一印象不佳，立马就会换台。侧面字幕的存在价值就是吸引观众的目光、激发收看的兴趣。作为侧面字幕，字数控制在 10 个字以内较为理想。

关于侧面字幕的设计，我们需要从三个方面着手。

① 以名词结尾，压缩字数（简单好记）
② 填满专用名词（以便获悉演员姓名、策划内容）
③ 使用数字和符号（回避汉字，增强视觉冲击力）

请试着给自身的话语加上"标题"并压缩字数。

"字数怎么都减不下来啊！"如果对此一筹莫展，不妨试试我的建议——"一语中的"。

只要心存"一语中的"的意识，人们总会想方设法去一言以蔽之，请多多尝试。

加个标题吧
①长度 10 个字以内

②专用名词

③数字、符号

例：9号台风直奔首都！！

取好"标题"之后，沟通便如探囊取物。

"你好，今天我想说的是○○（标题）。"开门见山地表明来意，由于对"标题"印象深刻，之后无论谈得怎样，对方都能抓住并理解核心内容。

法则：压缩字数，取好"标题"，事先告知对方

19. 千钧一发！如何抓住和大人物沟通的关键 10 秒

・千钧一发！如何与大忙人攀谈

"您辛苦了！"

周五下午，我从直播现场背着器材回到电视台，在播音室前恰好与部长擦肩而过。他当时似乎正准备外出。

（咦？部长要出去吗……怎么回事？！）

突然想起，关于下周二的外出拍摄，我还需要部长的批准。从安排来说，那天下午直播结束后立即回到公司，时间应该也来得及。于是，我顾不上走向器材室放下设备，转身回到走廊上。部长已经走进电梯，再晚一步，电梯的门就合上了。

"我们一起坐下去吧，正好有事向您汇报。"

从电梯降下到部长坐进出租车，大约有 3 分钟。我需要在这段时间内汇报当前任务进度、协商探讨问题。此外，我还要获得部长的口头承诺，答应在周末之前给我批准外出拍摄的邮件。

・10秒表达类似短跑比赛，起步至关重要

你是否听说过"电梯交谈"？

在IT大本营——美国硅谷流传着这么一句话："在电梯内碰到投资家后，创业者必须在30秒内说明经营计划，否则就没有未来可言。"坐电梯的时间极为有限，因此需要最大限度地展示自我。

不仅是创业者，许多商务人士也需要与上司和同事密切交流、推进工作。鉴于各自的行程安排并不同步，报告、联络、商议等方面皆不可怠慢。

面对握有决定权的上司更是如此。上司的行程无疑更为紧凑，若能见缝插针、言简意赅地加以说明，于自己、于上司都颇为重要。

若想做到对大忙人言简意赅地说明，首先需要掌握"10秒"的精髓。

① 满怀自信地说话
不必客气，也不必犹豫，冷静地道出要事
② 抛出"标题"
开门见山，抛出标题，使对方了解接下来要谈什么。

③ **告知所需时间，获得对方许可**

考虑到对方忙得不可开交，时间控制在 1 ~ 5 分钟为宜。

若能做到以上三点，便可有如下的表现。

"○○部长，承蒙关照。关于△△，可否占用您 3 分钟时间，我们好好谈一谈？"

之后，可以通过"共同印象""提出假设"等方式展开话题。

因此，切入点至关重要。

不妨以短跑和马拉松类比。马拉松只要"节奏合理"，哪怕起步落后，终究可以后来居上，而短跑基本以起跑方式分胜负。

沟通也是同理。"10 秒表达"就是不折不扣的短距离赛跑，因此需要有效抢得先机、一鼓作气地打动对方。

法则：面对大忙人时需开门见山、言简意赅、10 秒把话说完

▶ 专栏3　100次点击不如去1次现场

在卸任地方电视台播音员一职之后，我转到朝日电视台气象中心，进公司第一天时与导播的谈话至今令我难忘。

"荒木小姐已经结婚了吧？"

"没，还是单身呢。"

"啊？不好意思……那是离婚了吗？"

"没呢，还没结过婚，怎么了？"

节目制作需要团队合作，因此，导播在找新人谈话前都会事先了解对方的背景。不过，所有信息都是网上搜的，关于我的情况明显就是弄错了。

希望了解对方，这是实现良好沟通的第一步。但是，对实施调查的一方来说，难免会接触到虚假信息和过时的情报。你是否有过在搜索引擎上敲下关键字，搜一搜谈判对手的信息、查一查发布会的内容的经历？我们这么做完全是出于对网络调查结果的百分百信任。

时移世易，信息并非一成不变，或是换了兴趣爱好，或是推出新的商品……即便最新的情报即所谓的"新闻"，描述的也只是眼前。即便事先有所掌握，也不可被其束缚，临场印象及会场气氛才更加重要。

第 4 章

10 秒给对方留下深刻印象

20. 起承转结：从"转折"开始说更能抓人眼球

· <u>当今时代所需的沟通方式已有变化</u>

打开社交网站的主页，关于运动会的投稿如雪花般涌入。

"在最后的接力赛中，我的儿子连超3人，助班级取得冠军！昨天还在发烧，可真是顽强拼搏啊！——小学最后一次运动会。"

这是我朋友的投稿，最后还附上孩子满面笑容的照片。

伴随着社交网络的普及，人们可以自由发表意见和感想，而且表达方式也与过去明显不同。

若是在过去，我的朋友肯定会一板一眼地写道："今天儿子所在小学召开运动会。他到昨天为止还发着烧，所以我很担心，好在还能登场。在最后的接力赛中，他竟然连超3人，助班级取得冠军！这是小学最后一次运动会了，留下了美好的回忆真是太好了。"

这是按照传统"起承转结"模式书写的文章。两相对比，哪个更能吸引眼球呢？

· **真正想说的不正是"转"吗**

在乘车的时候，我们常会看到这条标语："这排座位可坐 10 人，请相互谦让，以便彼此乘坐。"

这则标语显然经过精心设计，想必乘客此前多有抱怨吧。试着以"起承转结"的结构加以分解。

起 = 这排座位
承 = 可坐十人
转 = 相互谦让
结 = 以便乘坐

这段话最想传递的信息是"相互谦让"，因此，"起承转结"的核心是"转"。

在踏上社会之初，我所接受的培训都是从"结论"说起。

不过，**我觉得，当今时代人人都可发信息，简单明**

快地表达自身意见和想法也是理所当然，所以更要求把"转"放到最前面来说吧。

最需要表达的核心内容大多是"转"，而且在信息漫天飞舞、人们日趋忙碌的今天，欠缺节奏感和简洁的发信人终究会被时代所淘汰。

以桃太郎的故事试着拆解"起承转结"。

起 = 老奶奶在河边捡到从桃子里生出来的桃太郎
承 = 为了击退骚扰村庄的恶鬼，桃太郎带着猴、鸡、狗奔赴鬼岛
转 = 一行抵达鬼岛，最终击败恶鬼
结 = 桃太郎满载财宝凯旋，村庄从此太平

这则故事最大的看点在哪里？答案显然是"转"。我们不妨来转述看看：

"那个，你知道吗？桃太郎竟然把恶鬼给打败了！"

"哦？"

"桃太郎就是老奶奶从河边捡来的那个孩子吗？据说是从桃子里生出来的哦！"

"咦?还有这样的奇人啊!"

"不止如此呢。他还和猴、鸡、狗成为好朋友,带着他们一起去鬼岛。"

"然后,他们赢了?"

"对啊!带了一大笔财宝回来,村庄从此太平了呢!"

最重磅的消息还是"桃太郎打败恶鬼",因此从一开始就勾起对方的兴趣。

· **一举抓住对方的兴趣**

有限的字数和简短的表达已成为当今时代的主流,所以按照顺序一板一眼地说话已经不合时宜。

取而代之的是,抓住对方,勾起对方聆听的兴趣。"起承转结"以"转"为核心,因此要改变传统的沟通方式,从一开始就抓住对方。

把"转"置于句首,给对方以惊喜,这对商务活动来说尤为有效。

"挑战减肥的人很多,但是成功的人却很少。由于节食并不合理,运动也难以养成习惯,两者坚持不久,反弹也在情理之中。作为补充，我们推出了不必节食和运动也能有效减肥的办法。请务必尝试一下。"

这是传统的"起承转结"描述法。只要稍加转换便可吸引眼球，顾客也是纷至沓来。

"作为补充，我们推出了不必节食和运动也能有效减肥的办法。"

法则："起承转结"以"转"为先！打破常规更能吸引眼球

21. 要向小学生学习的叙事技巧

· 小学一年级学生的"100字作文"结构

在千叶县的南房总市,为了培养孩子们的思考能力、表达能力和爱心,每年都会举办100字作文大赛。2015年,我恰好看到了当年获一等奖的作文,真是令人叹为观止。

"暑假时节,我的门牙掉了。此前多亏有了它,我可以大嚼特嚼西瓜和玉米。而且,我还准备了许多牙刷来犒劳它。门牙啊,回想之前的各种美味,谢谢你啦!"

这篇文章出自小学一年级女生之手。篇幅虽然不长,但是大嚼西瓜和玉米的情形以及没了门牙还咧着嘴笑的女孩子形象,仿佛就在眼前。

"现在的事实——过去的事实——未来的目标——感谢",按照这个结构如实表达内心感受。仿佛就是100字的剧本,在有限的字数下做了最大程度的发挥。

"按照时间顺序""从各种论点着手",不少成年人也会词不达意、无法触及主题,这位小学生的表达能力值得称道。

- 不按常理展开的误会……

"部长,一直以来承蒙关照。今早,我是把孩子送到母亲家再来上班的……最近,老母年纪渐长,身体大不如前,照顾孩子也是力不从心。因此,非常抱歉……"

站在部长的桌前,同事的神情也是难以捉摸。我不由竖起耳朵,心中暗想:啊,○○要辞职了吧……

然而,他接下来话锋一变:"今天请允许我提早下班。"

"搞什么啊,吓我一跳!行啦,赶紧回去吧。"

看来,并非只有我一个人误以为同事准备辞职吧。

把最难以启齿的部分放到最前面,即使是从事商务活动,也要把最想传达的信息最先说出来。

- 我这样的排列才更好!

原本拜托老资历的同事帮忙修改稿件,结果他把稿件分成4份,并且尝试各种排列顺序。

"稿件按照这个顺序展开,岂不更有意思?每次都以'我现在'开头,真是听腻了。"

我不由愕然。播音员可不是随机应变、走一步看一步的风格。从哪句话切入、按照怎样的顺序展开,在开口之前必须深思熟虑。

就连小孩子都能熟练掌握基本的叙事技巧。

该说什么、怎么说更能激发听众的兴趣?**我们需要养成在开口之前考虑"顺序"的习惯**。在仔细分析之后,一定可以找出最具新鲜感和临场感的故事结构。

法则:再短的话语也要思考有效的故事结构

22. 推进执行的"传达4技巧"

· 下属虽然一口应承,但是无法完成任务

"抱歉我来晚了。看了新人做的策划书,完全不知从何改起,最后只好自己重做……"

"我懂!下属虽然有回应,但进度让人不敢恭维。按理总该有些干劲吧?但不得不说最近的年轻人真是眼高手低……"

出席老同学例行的聚餐,我发现不少朋友已经荣升管理岗位。而且,她们大多为如何指导下属而犯愁。面对指示,下属虽然满口答应,实际并未行动起来,也不能按时完成任务……而且,还不能对他们说得太重,每天难免焦躁不安。

究竟是下属干劲不足,还是自己指示不清?

"关于下周的会餐,还需增加一人,请尽量早做应对。"

"明天的发布会时间有变,请相应好好调整。"

"本周的例会之后我要外出,所以会议时间要比平时稍微缩短。"

请读者朋友务必保持清醒的认识,含糊不清的指示怎能明确传达信息? 无论是指导下属、业务拓展,还是公司内部联络等,若想打动对方,沟通务必要能简单明了地"传达"意图。

· 为使对方有所行动,首先需要准确"传达"

在接受播音培训时,老师教导我们说:"请大家务必记住,但凡工作中存在争论,百分之百都是因为说话的人表达有误。"

当时,我觉得这个观点不合情理。但是,在踏入社会十五年多之后,目睹交通事故中车辆与行人的责任划分,渐渐接纳并遵守这条法则。

值得注意的是,由于单方面输出信息,人们不自觉地会使用一些模糊不清的词语,例如"尽量""好好""稍微"。

✕ "关于下周的会餐,还需增加一人,请尽量早做应对。"

○ "下周三的会餐共计 5 人，计划于傍晚 6 时开始。请与○○对接，安排好日本料理。"

　　✕ "明天的发布会时间有变，请相应好好调整。"
　　○ "明天的发布会提早到上午 11 点。请告知全体成员，加快做好准备。"

　　✕ "本周的例会之后我要外出，所以会议时间要比平时稍微缩短。"
　　○ "本周的例会缩短 30 分钟，因为会后我要外出。请事先想好议题，严禁迟到。"

　　为了避免对方忘记或者误会，以下 4 点方法颇为有效。

　　① 同样的事情说上两到三遍
　　② 补充说明理由
　　③ 让对方复述自己的指示
　　④ 次日再度确认

避免指令含糊不清、消除误会，这是上司的职责所在。如有问题，不能完全归咎于下属的无能。既然希望自己的想法被理解，那么所下的指示更应明白无误，把"传达"落于实处。若能具体做出指示，并且勤加确认，顺畅的沟通也就不在话下。

法则：避免含糊不清的指示，确认传递的信息，防止误会

23. "长篇大论"只会让人困惑不解

- "长篇大论"会让众人疑惑不解

近来,越来越多的人忙得不可开交。于是,利用进餐时间召开的会议也多了起来,例如商务早餐会、午餐会等。我的某位朋友是跨行业午餐会的主持人,因此我也有幸参加了一回。

"到了这个年纪,我已经习惯临场发挥,所以演讲无需特意准备。索性把自己逼到没有退路的境地,说话也就不再犹豫和迷茫。"

"哇,你可真厉害!"

面对一位老企业家的豪言壮语,我不由连连称赞。30分钟后,按照主持人的要求,午餐演讲就此开始:"请每位来宾各做30秒钟的自我介绍。"

我十分期待刚才那位老企业家的即兴演讲,但结果发现他足足讲了15分钟。

他的发言不紧不慢,内容跌宕起伏。显然是经历丰富,要不然也没有如今的显赫地位。

但是，对午餐会来说，他的慢条斯理未免不合时宜。主持人早已急不可耐。整个午餐演讲也就1小时，节奏就此大乱。再让每个人依次发言显然已不可行，有些人甚至悄悄开吃。

无论多么优秀的演说家都不能占用其他与会者的宝贵时间。

即便稍微超时，若能对整体时间和人数有所把握，并且加以粗略计算，便可调节自身的发言时间。

・短时间内汇总必要信息

人总有把心中所想和盘托出的倾向。人人都希望做个演说家，知无不言，言无不尽。结果往往空有一番热情，或是始终没说到点上，或是废话太多……无关紧要的细节说了不少，核心部分却迟迟没能把握。

听众最初会有"真厉害"的钦佩，渐渐就会心生厌倦："什么时候说完？"最后，脑海中只剩一个念头："真是废话连篇！"

无用的信息百害而无一利，所以还是鼓起勇气、能删则删吧。

请回想一下出席会议的场景,身边可有喋喋不休的发言者?

这些人只会东拉西扯,**既浪费了全体人员的时间,又剥夺了他人发言的机会**。其他人就算有什么精妙的想法,由于没有机会发言,最后只能惨遭埋没。

对喋喋不休的人来说,即便自身确实言之有物,也要有谦让他人的意识。

"反正都是他们定的……"一旦形成决议,没能说上话的人连今后发言的兴趣也荡然无存,那真是毫无益处可言。

若要使自身的意见得到大家的认可,必须为他人着想、筛选必要信息、在短时间内完成汇总。

与口若悬河相比,言简意赅的表达效果更佳。

法则:若想打动他人,与其长篇大论,不如言简意赅

24. 把要点一网打尽：专业知识从告知大意开始

· 把所有正确信息一网打尽

我曾帮助新人修改稿件、指导他们怎样播报天气。为此，我专门出了一题，名为"明日天气"。

"嗯……晴、多云、雨，地方不同，天气也完全不一样。10秒未免太紧张，不能多给点时间吗……"

"对天气影响最大的是雨，所以仅筛选降雨地区如何？例如：'名古屋以西从早晨开始下雨，东京虽是多云，不排除也有少量降雨。'"

"可是，札幌也要下到后天，不报行吗？"

这样的讨论时有发生……10秒的时间极为有限，因此找出并告知大致的整体趋势就显得至关重要。但是，大多数天气预报员总想把所有信息一网打尽，结果把自己逼入两难境地。

·专业性强的话题只需表述概要

若以短时间"表达"为首要目标,那么一网打尽、悉数告知的方法便不可行。如果从开始就说一些对方闻所未闻的话语,例如拗口的话,或者加上一长串修饰语……除非对方见多识广或者反应机敏,否则便会云里雾里不知你在说什么,自然也不会对你留下什么印象。

错误的信息输出固然需要避免,但是喋喋不休也会导致对方抓不到重点或者听漏了关键信息,最后什么都没记住。为什么我们会觉得专家的说明晦涩难懂,因为对方太在意正确表达,反而对遣词造句有些束手束脚。

因此,过犹不及,说太多或者太少其实都不好。

前文有所介绍,"表达"的本意是促使对方按照自身所想行动。为此,如何使对方记住信息就成为重中之重。之后,只要在此范围内保证信息的正确即可。所以,我们首先要做的就是概括大意,然后告知对方。如果担心表述不够准确,可以添加一些较为通用的词。

"一般来说""原则上来说""也许并不全面"……

"或许会有例外,但一般来说都是〇〇……"像这样表述整体印象,对方一来好记,二来也知道存在例外情况。假如对方对这个话题有所了解,不妨多加一些信息。总之,根据对方的知识量调整表达的信息量,如此不失为高明之举。

所以,首先只需表述概要,之后再丰富细节。

法则:专业知识从告知大意开始

25. 巧用身边事例，方便对方理解

・以关键词和具体事例巧妙解释

专家、学者和技术研发人员只需和物品打交道的时代已经一去不复返。许多发布会都是研发人员亲自上阵，越来越多的专家纷纷登上电视，做起点评嘉宾。效率自不必说，节目的说服力也大为增加。以往一袭白衣、对着显微镜聚精会神的人们如今已经手持话筒，在大庭广众之下侃侃而谈。

很多人都面临着不得不在大众面前发言的情况。在我身边就有一人堪称模范——2016年诺贝尔生理学与医学奖获得者、东京工业大学名誉教授大隅良典先生。

在记者发布会上，关于获奖的"细胞自噬理论（autophagy）"，大隅教授首先称之为"人体重要的回收系统"，继而解释说："我曾看过一篇报道，说的是遭遇海难的人仅凭喝水就撑过7天。在此期间，人体没有停止生成蛋白质。因为，它具有一边分解又一边生成

蛋白质的功能。"

对许多人来说,"细胞自噬"是个前所未闻的专业术语。但是,大隅教授先以"回收系统"定义,再以"海难事故"举例,观众一听就懂。

· **转换为对方身边的事例**

"请问,爷爷不用工作,那还有收入吗?"

"他有退休金嘛。"

"什么是退休金?"

"人到了一定年纪就无法工作,这时大家会集资给他钱,这就是退休金。"

"啊?那不是不劳而获吗?"

面对还在上小学的侄女,我按捺心头的不悦,略加思忖,然后回答说:"你的〇〇同学因为感冒而休学,小伙伴们都给她送来笔记,对吗?反过来说,小伙伴请假的时候,她也会送笔记过去吧?对于无法上学的小伙伴,大家总要互帮互助吧。这和帮助年老多病而无法工作的人是同一个道理。"

池上彰先生以简单易懂的点评闻名,我曾向他请教

"解说的诀窍"。

"我只是通过给孩子解答问题来锻炼自己。"他一语中的，继而进一步解释说，"抱着自己什么都不知道的心态，和孩子一起探讨。"

面对难题，不妨试着以身边的事例展开说明，**以"孩子都能听懂"为目标**。如果利用身边的事例，对方的代入感也会更强，大大缩短了解释的时间。

法则：遇到难以理解的内容，试着以对方身边的事例进行说明

26. 巧用反义语句，化缺点为优点

·不可以"不知道"草草结尾

童星寺田心因为 Wide Show 节目的采访而一炮走红。虽然他当时只有 7 岁，但看过那段视频的人无不对其留下深刻印象。

"你知道我吗？"面对节目主持人的提问，小朋友毫无慌乱的神情。当然，Wide Show 的播出时段正好是在校时间，按说他不可能知道。不过，寺田心的回答令人拍案叫绝："抱歉，我先前并不知道。但是今天一见，姐姐你好漂亮哦！"

"抱歉，我不知道。"许多成人或许草率回答了事，而他小小年纪就知道不能给别人留下不好的印象，真是了不起。

·从"加减法"衍生的车内推销秘诀

"感谢您今日搭乘开往△△的○○55号列车。"

学生时代,我曾在特快列车上打工。通常一列火车会安排5名打工者,工作内容多种多样。除了广播之外,我还要检票、检查车门开闭情况、下达采购订单、推着小车叫卖、担任小卖部店员以及提供其他零星服务。

其中,车内推销需要5人通力合作。车厢内所有便当及零食的销售利润由5人均分,甚至卖出红酒和冰激凌也有提成。

当时,几位前辈把"加减法"奉为客户接待核心中的核心,20岁的我跟着他们也是获益匪浅。

"这份北极贝卖1050日元确实价格略高(减),但是味道鲜美、好评热卖(加)。而且,和啤酒一起品尝更配(加),建议您尝试一下。"

反之,如果换一下语序:"这份北极贝味道鲜美、好评热卖(加),而且和啤酒一起品尝更配(加),建议您尝试一下。只不过,1050日元的售价确实高了一些(减)。"如此一来,哪怕笑颜如花,对方一句话就驳得你哑口无言:"那不能便宜点吗?"

首先抛出负面因素，然后再说正面因素，给人以利大于弊的感觉。由此，前辈的小车很快就卖完，我也跟着沾光。

8月末的某天，天气突然凉了下来。我当时推着小车叫卖，望着冰箱内的冰激凌，思索怎样可以推销出去。打工者是没有权利降价促销的，所以我只能从别的角度想办法。"加减法的话，这么说怎么样——天气虽冷，但还是很好吃，天气不影响美味吧……"

突然，脑中灵光一现，我马上把冰激凌和咖啡壶一起放入推车。

"天冷时分的特供食品——冰激凌与咖啡的组合。清爽可口的冰激凌、暖胃芬芳的热咖啡，两者堪称绝配。如此美味的甜点，您怎能错过？"

我把两者搭配成意大利风格的甜点模样，结果冰激凌和咖啡迅速卖完，当月一下子挣了20多万日元。

· 反义语句更能留下深刻印象

"即便不喜欢我，也请不要讨厌AKB！"

这是2011年前田敦子在AKB选拔总决赛上的一句

名言。为什么她要说到这个份儿上呢？细品之下，这句话确实百搭，而且容易打动人心。

就在这句话之前，前田敦子刚说过："我知道，也许我不讨某些人的喜欢。"但是，发言并未就此结束，而是把"即便不喜欢我"作为前置条件，最后抛出"不要讨厌AKB"这句真正的核心。

"反对的话"带来的新鲜感往往更加引人注目。前田敦子把"AKB"和"我"放一起，以"喜欢"和"不喜欢"加强对比，语出惊人，却又令人印象深刻。

2016年8月9日，在获得里约奥运会男子体操团体金牌之后，白井健三的一番话也有异曲同工之妙。

"这是我人生中内心最为煎熬，却又最为幸福的一天。"

生活中，类似的反义词组合比比皆是，例如："冷酷却多情""严厉又温柔""笨拙又可爱""纤细型男""冰美人""食材简单但是配菜丰盛的一顿饭"……甚至，还有一首著名的歌，歌词也是"即便全世界与你为敌，至少还有我为你加油打气"。

俳句大师松尾芭蕉也是此中高手，一句"静寂蝉声入岩石"就把"静"和"闹（蝉声）"巧妙地组合在一起。

即便没有遣词用句的天赋和语感，只要稍加用心，便可轻松给他人留下深刻印象。

以面试为例，被问到"你怎样评价自己的性格"时，不妨先说"缺点"，再说"优点"。

"你第一想去的公司是哪里？"面对这个问题，也不必仅仅以"当然是贵公司"了事，可以丰富一下内容："其他公司（竞争对手）都不入我眼，一心一意只想加入贵公司。"

法则：巧用反义语句，化缺点为优点

27. 选择押韵的语句，留下难忘的演讲

· 保持良好音律，立于不败之地

虽然距今已有十多年，但是那场国会答辩至今令我难忘。

"德国虽然增设邮箱，但是邮局却减少了，这可作为对改革'大为失望'的标志吧？新西兰虽然推行邮政民营化，最后却不得不从外国企业手中回购、重新改革，这是不是说明新西兰政府'粗心大意'？日本和美国一样，虽然民营化的口号喊了多年，却依然'寸步不让'地固守国营化。那么，请问，在'大为失望''粗心大意'和'寸步不让'之中，日本该何去何从呢？"

关于邮政民营化的讨论，这是民主党议员岩国哲人先生抛给前首相小泉纯一郎的问题。

"在比较各国的实例之后，我希望我国的邮政民营化可以'坚定不移'。"

小泉前首相面无表情、言语冷峻，但是气度令人折服。保持良好音律、回答恰到好处，这正是他的强项。

此外，无论是就职演说的"无所畏惧、毫不胆怯、不为所动"，还是解答退休金问题时的"人生千姿百态、企业多种多样、员工千差万别"，至今他仍为人们所津津乐道。

· <u>保持稳定音律，让人轻松代入</u>

音律稳定的语句，例如排比句等，听来悦耳，印象自然更深。这个方法放之四海而皆准，只要每个分句的最后一个字押韵即可。无论古代诗歌，还是当代的说唱音乐，本质皆是如此。

少年时期耳熟能详的标语和广告语至今让我们念念不忘，这大多是押韵的功劳。观众听过一遍就能牢记，演讲者也不会轻易忘却。

不必精炼语句，也不必长篇大论，只要合乎音律，便可产生不可思议的魔力。由此，你的演讲也不会很快就被遗忘哦。

令人印象深刻的表现，辅以言简意赅的演讲，两者相得益彰。

法则：选择押韵的语句，留下难忘的演讲

专栏 4　观众真正感兴趣的是什么

"大家早上好！我们先集合一下，今天我有 4 个想法。"

每周末的天气预报都是从这个环节开始。我习惯在上班乘车的路上构思当天的台词，并用画图的形式记录下来。到了公司后，我会在气象中心内模拟每个方案，从中选出评价最高的一个。观众兼评委通常有 4 人，天气预报员 2 人、导播 1 人、CG 动画设计师 1 人。

如果观点不一，那么优先与 CG 动画设计师协商，听取他的意见。倒不是顾虑 CG 动画制作颇为麻烦，而是因为在这群人之中他是最不懂气象知识的一位。

如果单纯从气象知识的角度考虑，想法未免过于狭隘。分析观众"关心什么""想知道什么""掌握多少信息"时，CG 动画设计师就是很好的研究对象。

在大庭广众下发言时，调查大家的兴趣点委实不易。此时，可以了解听众的性别、年龄层、职业等，然后向身边背景相似的人们多多请教吧。

第 5 章

最大限度发挥"10 秒"功效的附加技巧

28. 艺人的瞬间传达技巧：同时向眼、大脑、耳发送信息

· **瞬间扩大信息量**

"加上这段台词的话，时间只怕不够！"

"荒木女士，我们折中一下，这段话就当侧面字幕用吧。"

"没时间？开头3秒的风声就砍掉吧。"

"这可是要紧部分啊，毕竟我们报的是暴风天气……"

对于按部就班的天气预报员来说，每次编写2分钟的台词就足够头痛了。此时，灵活又能干的导播多会冷静地献计献策。为了在紧迫的时间内"表达"天气信息，需要整个团队多次模拟、试错。

天气预报可以瞬间吸引观众的注意，气象中心也是预报员训练快速表达能力的舞台。

为了发挥"10秒"的最大功效,需要向对方的"眼""大脑""耳"直接发送信息。

- 向眼发送的信息是幻灯片、PPT、肢体语言等"视觉"内容
- 向大脑发送的信息是选择能直观反映听者感受的"话语"
- 向耳发送的信息是自己的"声音"

倘若你对"视觉""话语"和"声音"稍加用心,发送的信息顿时熠熠生辉。三者若能完全发挥功效,"10秒"足以保证信息得到最大限度的"表达"。

·向艺人学习瞬间传达的技巧

说到完全发挥"视觉""话语"和"声音"的功效,首推搞笑艺人。其中,被誉为模仿女王的横泽夏子女士更是天才。由于观察犀利,"看一眼便可洞悉",她很擅长模仿身边的女性,堪称瞬间传达的高人。

以模仿联谊时相互以暗号评价他人的女性为例。首

先摆出一副夸张的拘谨模样,然后担心是否会被话筒扩音而低声说"不行",同时在下颚下方用手指比画打叉的形状。

此时,拘谨的模样与"打叉"的"视觉信息"首先映入"对方眼帘"。"不行"的"话语"人人都懂,可以带给"对方直观的感受"。同时,若非竖起耳朵就听不到的"声音"也传到"对方耳内"。通过三个方面的完美把握,横泽女士把拘谨不安的女性模样展现得淋漓尽致。

此外,在节目中被问及讨厌的男性形象时,她马上手掌斜着抵住前额:"是头发挡住一只眼睛的男士。"表现长发的方法颇为新颖,而且,她又低声补充一句说:"因为不像是有理想有追求的样子……"如此表达方式委实简单易懂,令人叹为观止。

所谓瞬间传达,本质就是如此。

天气预报也是如此:用气象图和全国地图等传达一目了然的视觉信息;用"晴""10度"等简单"话语"直接把信息输入对方大脑;通过"声音"的高低、效果音和背景音等也会向耳朵发去信息。**通过向"眼""大**

脑""耳"一起发送信息，不仅可对表达的内容加以补充，**而且能够瞬间引起对方注意**。我把围绕这三要素做的努力称之为"施展魅力"。

不过，不必目不转睛地盯着电视机里的天气预报节目，以此费力地研究表达的技巧，这是本章接下来重点讲解的内容。我们还是把"天气预报"作为纯粹获取天气信息的节目来看吧。

法则：对"视觉""话语"和"声音"稍下苦功，掌握瞬间传达的技巧

29. 广告前 10 秒隐藏的沟通技巧

· "松阪牛排只要 800 日元？！"

在观看电视节目时，遇到插播的广告怎么办？是继续看下去，还是换台？

为了使观众在广告时间仍不换台，节目的制作者们也是想尽各种办法。

"哇！这可是高档的松阪牛排！午餐的分量很足，而且只卖 800 日元？"

画面中的主持人一副难以置信的神情，背景则是打上马赛克的餐桌。

"竟然有这样的店？到底在哪里呢？"广告适时插入，被吊起胃口的观众也会静待广告结束。

此时，节目导播抓住了三点关键："划算""意外""期待"。具体来说，即松阪牛排 800 日元就能吃到的"划算"，可以轻松作为午饭的"意外"以及对马赛克之下神秘餐厅的"期待"。由此，观众心甘情愿地成为俘虏。

· 加上吸引眼球的词语

为了一开口就抓住对方的心,不妨多用"划算""意外""期待"等振奋人心的词语。

① **划算**

超便宜、免费、不为人知的好地方、限定、行列、卖完、最高、特别、仅限当前、优先、独占、难以预订

② **意外**

秘密、潜入、独占、奇迹、泪、珍贵、难以想象、神奇、划时代、崭新

③ **期待**

惊愕、感叹、压倒性、话题、叹服、郁闷、华丽、豪华、绝品、珍品、超赞、人气

以周末请对方吃饭为例。

"本周末可否一起吃饭?我约了一家意大利餐厅。"这样的表述毫无新意,不妨试着换种说法:"你知道现在网上备受好评的那家意大利餐厅吗?据说很难预订,

但是我神奇地订到了本周末的席位。我们一起去体验一下，如何？"如此一来，对方想必也是受宠若惊："好想去，真的可以吗？"

"划算""意外""期待"的技巧极具魔力，请务必尝试一下。

法则：使用"划算""意外""期待"等具有煽动性的词语打动对方

30. 巧用肢体语言，让你想说的能"被看见"

· "欢迎"的秘密

2013年9月7日是国际奥委会确定2020年夏季奥运会及冬季残奥会的日子，东京代表团志在必得，而泷川克里斯汀女士比画的手语"欢迎"更是获得国际舆论的一致好评。在日本国内，它一夜成为热门话题，人们争相效仿，把左手握成花蕾的模样。时至今日，大街小巷随处可见"欢迎"的标语。

或许，这是日本人第一次切身体会"肢体语言"的魔力。伴随手部动作，简单组成一个关键字，然后传递给对方。假如没有那样的轰动效应，日本国内也不至于一时间到处都是"欢迎"吧。

话说回来，日本人并不擅长肢体语言，这或许与自身的文化特色有关。在表演落语的艺术家手中，扇子可以模仿、幻化成各种道具，或是筷子，或是酒杯。观众目瞪口呆，自然也听得格外认真。

· 开放姿态慢动作，考虑对方的观察方向

在表达"积雪达到 1.5 米"时，即便雪已融化，只要手掌向下平摊且一下子抬到肩膀的高度，观众顿时便有直观的印象。在表示厚度、大小和形状时，用手比画可以起到事半功倍的效果。

即便是从未接触手势的人也知道提问时要举手，在表示"3 个要点"时会不自觉地竖起 3 根手指……于是，尽管词不达意，对方一看也能明白。

在使用肢体语言时，请务必留意 3 点，首先是**对方观察的方向**。

泷川女士在比画"欢迎"时用的是左手，而且从自身的右侧移向左侧、一字一顿。这是考虑到了对方自左向右识字的习惯。在比画"业绩无人可出其右"的时候，自己的右边对眼前的观众来说就是左边，所以要用左手在自己一侧的右下移动到左上。

其次，**手的位置在胸口以上，动作幅度要大**。

如果手的位置超过肩膀，给人的感觉是富有活力。假如放在胸口附近，则显得很有信任感和说服力。若是放在腰部以下，远处的观众就看不到了。为了展示热情，请把手举过胸口,缓慢进行比画,而且动作幅度要大。

最后,**不使用肢体语言时也不可掉以轻心**。

有些人在发言时手会不自觉地游动,或是双臂抱在胸前,或是插进口袋,或是拨弄脸、头发、话筒,或是关节发出各种声音……这些都是不雅的行为,请千万注意。

法则:巧用肢体语言,表达可视化信息

31. 接地气的表达，让人倍感亲切

- "贴近生活的语言"让人倍感亲切

"楼顶疾风劲吹，楼下却完全感觉不到有风。"

导播在超过 200 米的屋顶和邮局前的十字路口分别布置直播安排，最后向我感叹了一句。

于是，我回答说："前几天正好在某本书上看过，近地面风速是无地面摩擦风速的 50%。"

"啊？你说什么？完全没听懂。"

"因为受到高楼和树木的摩擦力影响，近地面风速会有所削弱。与毫无阻碍的高空风速相比，风速相差一半。"

"你一开始这么说不就行了嘛……"

"抱歉……"

书籍、报纸等印刷物需要观众自发阅读，所以属于"主动型"媒介，生僻拗口的文字多一些也没什么问题。与之相对，电视属于"被动型"媒介，需要使用简单易

懂的词语以避免误解。导播从事影视文化制作多达10年，这样的反应也在情理之中。

再以天气预报中常见的"锋"为例，相比于"湿冷空气翻过山岭后转为干燥、高温的气流"，"翻过山岭的冷风变成热风"是不是更方便理解？

对于新闻从业者来说，与其掌握大量拗口词语或学术用语，倒不如以贴近生活的语言表述效果更佳。听众觉得亲切，理解起来自然毫不费力。

假如专业术语或艺术性表现太多，乍听之下貌似显得自身知识丰富，其实恰恰相反。听众早已悄悄给你打上"不善言辞"的标签。所以，虚张声势、华而不实的表现还是能免则免。放下生僻拗口的词语，用更为亲近的方式表达吧。

· 电脑输入法不能马上跳出的词语尽量不用

对于电视节目来说，为了避免误听和误解，通常采取以下三种办法。

① **不用音读，改用训读**

② 避免使用熟语
③ 补充语句说明

在日语中，同一个字有音读和训读之分，音读容易与其他字混淆，造成听者的误会。

另一方面，由于同音异义词的大量存在，避免使用熟语也是为了防止误解。例如，在日语中"投稿"与"返航"同音，如果脱离前后文，"某人投稿"还是"某人返航"完全无法区分。对方乍听之下难免疑惑，无法集中注意力留心之后的内容。因此，对词语的理解还是要结合前后文来看。

投稿——寄出稿件
归还——还回来
傍身——掌握技巧
有力视——看起来有力

如此一来，对方一听就明白吧。如果电脑输入法不能马上跳出汉字，那么这个词语就尽量不用。我们需要养成习惯，把熟语自觉转换为词组或短句。

第3点常见的表现即"所谓……""众人皆知……""局部会有阵雨，即所谓的下下停停""小风太即众人皆知的小熊猫"，这样常用的表述，更易于对方理解。

· <u>你的话语是否适用于所有人</u>

前一阵，我收到一封邮件。

"策划书附了 tips（小贴士），针对公司各类情况，可以明确具体的方向。另外，考虑到设计及操作的效果还需要调试一段时间，预计 8 月可以 launch（问世）。"

"嗯？ tips 和 launch 是什么意思？"

对于行业背景各异的人们来说，邮件内的各种"新名词"每每让他们大惑不解。业内人士自然一看就懂，而其他人自身学识不足，又羞于提问。

在信息搜索引擎日新月异的今天，搜索邮件内的几个生僻词语并非难事。但是，如果在交谈或者发布会的现场，那该如何是好？观众不知所云，甚至连听下去的兴趣也是寥寥。所以，**你的话语当真适用于所有人吗？**

如果双方的想法不一致，沟通容易产生误解。一旦得不到对方的理解，分歧就此产生。所以，那些乍听之下不明所以的词语还是转换成简单易懂的表述吧。

法则：选择浅显词语，让对方一听就懂

32. 发布会天才都是巧妙运用数字的高手

· 数字世界通用！以数字反映及表达

在海外旅行时，为了给国内的朋友带些特产，我曾买过泰国的泡面。本以为看不懂泰语会很麻烦，一看包装袋的背面，加水的图例边上写着"350"，点火煮面的图例下方写着"3"。显而易见，这意味着加 350ml 的水煮 3 分钟即可。

数字是十分便利的表达媒介，而且世界通用、老少咸宜。

电视节目也是充分发挥数字的作用传递信息。例如，"明天更热"会以"东京明日气温比今天高 4 度，达 36 度"的方式表现，表示"雨量很大"的时候则说"往年 1 个月的降水量今天 1 天就下完了"。对现状描述更为具象，观众也会有更直观的感受。

所以，我们需要养成习惯，大小、宽度、速度、数量等以数字表示。

· 发布会的天才也是巧妙运用数字的高手

此外，数字对比也是一项重要的指标。身为发布会的天才，史蒂夫·乔布斯会把其他公司具有 40 个按钮的遥控器与只有 6 个按钮的 iMac 遥控器对此，以此博观众一笑。"40"比"6"，高下立判。

"新产品追加了 4 项新功能，售价却比当前便宜 3 万，只有 25000 日元。""如果贵司导入这个系统，3 个月内业绩可达 1.5 倍。"……请养成以数字描述事物、传递信息的习惯。

法则：巧用数字表现，增强说服力

33. 用不同的音调音量打造不同的印象

· <u>结合不同场景改变声音</u>

"欢迎光临，请问几位？"

来到餐厅吃午饭，刚一进门，一位皮肤黝黑、牙齿洁白的帅气小伙迎上来热情地招呼道。

以往我也是精神饱满，无奈今天抱着儿子，只能轻声说："2 位。"

"算上孩子，一共 2 人吧！需要儿童座椅吗？"

热情体贴的服务态度确实值得称道，但是我却有一种选错餐厅的感觉。一听到店员的高声吆喝，儿子立马睁开眼睛，趁着他熟睡时简单吃个午饭的愿望也就此落空。

那位热情服务的帅小伙知道当前最需要的是什么吗？

- "2x2" 打造希望传达的印象

声音具有魔力，而且它会随着谈话内容一起传达给对方。

在日常生活中，我们会根据场景不自觉地改变声音。例如，同样是迎客，居酒屋的店员会扯着嗓子高喊"欢迎光临"，酒店的服务生则会以低沉稳重的声音说"您回来啦"。这完全由经营理念决定。居酒屋旨在营造热闹喜庆的氛围，酒店则重视提供安定、舒适的服务。

音调分"高低"，音量有"大小"，两者结合起来，给客户的印象自然大为不同。

- 高 x 大 = 健康、开朗、精神饱满、年轻富有朝气、休闲
- 高 x 小 = 温柔、母性、可爱
- 低 x 大 = 头脑清晰、值得信赖、安定
- 低 x 小 = 稳重、父爱、安心感、回味

试着按场合区别使用我们的音量和音调吧。干杯时"高 x 大"、约会时"高 x 小"、从事商务活动时"低 x 大"、

商议时"低 x 小"。

音调的"高低"需结合自身的音域有所区别。

音量调整有时可以收到奇效,例如"闹中取静,故意小声说话"。

"咦?听不见。""嗯?在说什么秘密吗?"……抱着好奇的心理,对方自然就会留神倾听。

在小声说话时需要注意两点,一是故意张大嘴巴,二是把话说到最后、最后一个音久久不散。千万不能做喋喋不休状,否则再好的内容也无法清楚表达。

而且无论音调高低、音量大小,务必保持在对方可以听清的语速,严格遵守"讲故事"章节中 10 秒 50 字的法则。

法则:从希望给对方的印象反推,调整音调与音量

34. 说话抑扬顿挫的 4 种魔法

· 一成不变的音量与音调催人入睡

前几日，我去更新驾照，在更新驾照的 30 分钟的培训时间全程都有"呼……呼……"的声音。抬头一看，竟然有人在打呼……

"咦？除了我都睡着了！"

约有 20 人参加培训，看起来个个精疲力竭。教员讲解交通规则的音调和音量也是一成不变，确实让人昏昏欲睡。

· 4 种抑扬顿挫法

如果美国前总统奥巴马"Yes，we can"的演讲以单一的语气讲述，估计就不会漂洋过海、在世界各地备受好评了吧？假如前首相小泉纯一郎以死板的语音和语调发表"邮政民营化"的演说，估计日本现在还是邮政国营的状态。

对听众来说，无论发言的内容多么精彩或是重要，如果平平淡淡地讲述，反而会带来负面效应，简直就是浪费时间。

那么，如何做到抑扬顿挫呢？主要体现在以下 4 个方面。

① **大小**
② **高低**
③ **缓急**
④ **间歇**

虽然这 4 个方面看似简单，其实效果显著。只要掌握一条，足以令发言提升一级水平。

上一节介绍了根据场景区别使用音调与音量，本节则着眼于调整词句。重要的标题和关键词需要突出强调，具体可参考下文朗读标题的例子。

"今天介绍的内容是'仅用 1 天就能克服重度焦虑症的方法'。"

① **大小（调整音量）**

小——"今天介绍的内容是"

大——"仅用1天"

中——"就能克服重度焦虑症"

小——"的方法"

② **高低（调整音调）**

中——"今天"

低——"介绍的是"

高——"仅用1天"

中——"就能克服重度焦虑症"

低——"的方法"

按照常规的说话习惯，句首音调最高，随着气息吐出，越到句末音调越低。因此，起头时不能太低，说到中段时可以渐渐降调，到了需要强调的部分时一口气把音调提到最高，之后再渐渐下降。

③ **缓急（调整语速）**

普通——"今天介绍的是"

缓慢——"仅用1天""就能克服""重度焦虑症"

普通——"的方法"

重要的部分一字一顿、慢慢表达。所谓有所缓急，其实是"不能急着说完"，这需要长年累月的经验积累。

④ 间歇（在最想强调的语句前停顿）

"今天介绍的是……（停顿）仅用1天就能克服重度焦虑症的方法。"

请不慌不忙地有所"停顿"，默默数上2秒。如果起初感觉不太适应，可以心中暗暗地把后半句话说上一遍。

在4条方法中，③和④相对容易掌握，只需留意想要强调的部分即可。

所以，**首先学会在重要的语句前"放慢语速"和"停顿"**吧。而且，在说到"仅用1天"的时候可以竖起一根手指，这样会给观众留下更深的印象。

法则：掌握"大小""高低""缓急""停顿"，自由掌控语句

35. 停顿：沟通达人的进阶谈话技巧

· 引人注目的"停顿"和希望获得理解的"停顿"

如果你稍有留意，在主持节目或仪式时，播音员在开场音乐结束后不会马上开口，而是刻意"停顿"片刻，然后打破沉默。"停顿"具有引人注目的魔力，播音员借此吊起观众胃口，促使他们专心收看。

在演讲时，开场免不了寒暄几句。但在进入正题之前，请务必"停顿"3秒。如果观众正在鼓掌，那么在掌声完全停下之前暂时不必接着说。即便内心紧张不已，也要面带微笑，表现出气定神闲的样子。于是，观众也能做好聆听之后内容的准备。切记，你的动作、态度、神态都十分关键，此时正是博得观众好感的良机。

"停顿"的另一个作用在于给听众消化的时间。

2008年，在福田康夫宣布辞去首相之后，有记者询问小泉纯一郎是否参加竞选。"我又不是北岛康介，眼下暂时无可奉告。"说完之后，小泉"停顿"4秒，脸上调皮的笑容至今令我记忆犹新。在开玩笑之后刻意"停顿",给对方回味和反应的时间。

在你开口之前,对方并不知道你会说些什么。所以,无论是戏言、提问,还是深奥的话语,说完后暂且停顿一下,等待对方的反应。由此可以确认对方是否听出自己话里有话,而且留出时间让对方跟上节奏,这也是为其着想的表现。

"停顿"就是沉默,起初我们或许会有"不能冷场、必须说点什么"的不适感。不过,通常自认为的3秒停顿实际只有1秒,所以放心大胆地多加"停顿"吧。

法则:鼓起勇气"停顿",施展高超的谈话技巧

▶ 专栏 5　所谓的临场发挥，全凭素材库

有一次，在我主持婚礼时遭遇尴尬一幕——当我走到会场中央时，突然鞋子掉了……众目睽睽之下，我缓缓地捡起鞋子说："失礼，失礼。我也好想有位捡起水晶鞋的王子……新郎新娘就是这样结缘的呢！"

全场一片笑声，尴尬就此消除。

每次接受司仪的任务时，我都会事先了解新郎新娘的背景。从出生时的体重开始，直到长大成人、彼此相遇、一方求婚为止。第一次约会总是难忘：新娘第一次穿上高跟鞋，上车时不小心把鞋落在站台上，新郎就像灰姑娘故事中的王子一般马上俯身给她穿上。由于婚礼时间所限，这则趣闻原本并不在计划之内。

由于鞋子意外脱落，我这才想起新郎新娘初次约会的故事并且巧妙引用。

事实上，新闻工作者都是本着"准备 10 份素材、最后发布 1 个"的精神，一边含泪舍弃研究资料，一边笑容满面地播报新闻。

只要事先准备周全，即便起初没有派上用场的计划，

它或许会在关键时刻助你一臂之力。所谓临场发挥，其实比的都是平时的信息储备。我们有必要为头脑的数据库多做准备，以防不时之需。一旦遇到突发情况，只需拉开数据库的抽屉、镇定自若地临场发挥吧。

第6章

演讲达人的 10 秒进阶技巧

36. "10秒" + 连接词 = 成功的演讲

·千里之路，10秒起步

关于"10秒表达的沟通技巧"，我的介绍到此为止。从本章开始，我们更进一步，讨论如何在众人面前发表长篇大论。

在本书开篇已有介绍，我原本患有"重度焦虑症"，连1分钟都说不到。后来，按照"10秒分段"，终于逐步克服。

"表达的内容"需要结合时间和场合考虑，根据对方的反应灵活调整最为重要。只要掌握这个技巧，"表达的一方"便可轻松自如地面对各种情况。

坚持"10秒分段"的原则，便可满怀信心地发表长篇大论。**无论什么话题，都不至于草草结束。**

随着成功的经验不断累积，你在众人面前畅所欲言的自信也是越来越强，这也是克服重度焦虑症的最好办法。

· 万事开头难

我曾经在某座绣球花十分出名的寺院做过1分钟左右的现场报道。标题名为"如天空般湛蓝的绣球花",稿件内容如下。

我现在来到○○区的●●寺,恰逢绣球花盛开,该寺被人亲切地称为"绣球花寺"。大家请看,石板路上到处都是绣球花,颜色如天空般湛蓝。此花名为"公主绣球花",从古代演变发展至今,蓝色尤为浓厚,与寺院的名字相得益彰。●●寺是建于镰仓时代的古寺,种植绣球花却是第二次世界大战之后的事情。虽然当时院内人手不足,但种植赏心悦目的鲜花的信念却是十分坚定,于是选择了栽培方便的绣球花。总之,无论古代还是现代,绣球花都有洗涤心灵的神奇功效,何不前来一观?最佳观赏时间是梅雨时节,恰是本月。

一般普通人都难以流利地在1分钟内说完。因此,需要分阶段、分步骤加以练习。

步骤 1

把播音稿按页分段，每页的语速设定为 10～13 秒。

第①页

我现在来到〇〇区的●●寺，恰逢绣球花盛开，该寺被人亲切地称为"绣球花寺"。

第②页

大家请看，石板路上到处都是绣球花，颜色如天空般湛蓝。此花名为"公主绣球花"，从古代演变发展至今，蓝色尤为浓厚，与寺院的名字相得益彰。

第③页

●●寺是建于镰仓时代的古寺，种植绣球花却是第二次世界大战之后的事情。虽然当时院内人手不足，但种植赏心悦目的鲜花的信念却是十分坚定，于是选择了栽培方便的绣球花。

第④页

总之,无论古代还是现代,绣球花都有洗涤心灵的神奇功效,何不前来一观?最佳观赏时间是梅雨时节,恰是本月。

这样一来便可分出段落大纲。

步骤2

根据大纲研究每页内容的具体播出时间。

步入山门时"①介绍场景",走过石板路后谈论"②绣球花的种类",抵达佛堂前讲解"③寺院和绣球花的历史",走回石板路时提醒"④最佳观赏时间"……匹配场景和直播的内容,头脑清晰,表达自然流畅。

不过,即便梳理过之后,实际直播难免还会有磕磕绊绊的时候。在练习的过程中,我也发现了一个规律——"每页的开头最难说好"。每页的内容可以连贯说出,但意想不到的是每页的开头却会不由自主地"呃……"

步骤3

脑海中进一步梳理,按照下列顺序记录。

① 介绍场景

+

大家请看 ②绣球花的种类

+

●●寺是 ③寺院和绣球花的历史

+

总之 ④最佳观赏时间

由此，把 4 段内容起头的连接性语句明显地标注出来，便可在 1 分钟内流畅地说完。

1 分钟不等于 6 段 x10 秒，还需要有"连接性语句"。

不知你是否注意到了，1 分钟的章节由 4 段话组成，每段话 10 秒钟。本以为 1 分钟是 6 段 x10 秒，实际最多只有四五段。为了添加连接性语句或充分"停顿"，需要留出充裕的时间。

"10 秒"+ 连接 + "10 秒"+ 连接 + "10 秒"+ 连接 + "10 秒"=1 分钟

我们不妨试着按照这个结构组织演讲内容吧。

10 秒分段、穿插"连接性语句"，此前不善言辞的人也可滔滔不绝,我的丈夫就是最好的例子。

出席我们婚礼的嘉宾个个能说会道,不是播音员,就是主持人。其中不乏声名显赫、妙语不断的明星,唯一不善言辞的就是身为外行的丈夫,"新郎答谢"也成为最令他紧张的环节。

于是,他采取了"10秒+连接"的策略。在练习时,每说10秒之后特别强调连接性语句,如"其实""但是""总之"等。在正式登台之前,若能确认至少有三处连接性语句,演讲便可立于不败之地。

· 接续时方便使用的语句

对于完整的演讲来说,各段落之间的接续至关重要。"为什么突然这么说?"一旦对方萌生这样的念头,他在思考期间就无法全神贯注地继续聆听演讲。因此,在前后段落之间,我们需要筛选合适的连接性语句。

关于连接性语句,具体举例如下。

· **补充话语时——不仅如此、关于○○**
· **表示反对时——但是、相对应的、与之相对、反之**

- 补充内容时——其实、关于这点、例如、进一步说、话虽如此
- 转换话题时——话说、那么、接下来、换个角度来看
- 总结内容时——总之、综上所述、换言之
- 回到话题时——继续刚才的话题、言归正传

"连接性语句"不能简单理解为接续助词。它的筛选依据在于，不必看向稿件，"看着对方便可自然说出"。而且，相较于"然后""并且"，"不仅如此"等更可以引起对方注意，留下深刻印象。

随着经验的不断积累，终有一天，我们不再需要"连接性语句"，自然而然便可从一段过渡到下一段、流畅地发表演讲。

法则：以"10 秒 + 连接性语句"组织演讲，连接性语句就是成功的秘诀

37. 无从下手时的表达模板

- "标题 + 要点 + 理由 + 事例 + 总结"

"好了,明天就是正式演讲的日子。赶紧确定主题、写好底稿吧。"好不容易下定决心,结果却发现提起的笔迟迟落不下去。无论多少次打量电脑屏幕和桌上的白纸,始终不能找到答案。时间悄然流逝,越是焦急越是毫无头绪。在无从下手的时候,我们不妨借用一些模板。

一般来说,表达的顺序主要为以下 5 点。

① 标题(说什么)
② 要点(最想说的内容——多种情况时告知要点数量)
③ 理由(这么想的原因)
④ 事例(证据)
⑤ 总结(确认)

例如：

① 今天介绍的是"适用于梅雨季节的'拱形晾干法'"。

② 洗涤物比平时提早30分钟晾干的秘诀。

③ 大家近来是否因为洗涤物迟迟没有晾干而感到烦恼呢？

④ 试验证明，使用普通的衣架需要4个半小时晾干。假如外侧晾较长的衣物、内侧晾较短的衣物，即采用"拱形晾干法"，则只需4小时。

⑤ "拱形晾干法"只需在晾晒时稍加留心，便可加快晾干速度，请大家务必尝试。

· 试着打造固定模式的自我介绍

同理，试着使用一些固定模式打造自我介绍吧。

① "标语"+"姓名"

② 我的特点（优点、特长）是△和△

③ 而且以往还有●●的经历

④ 例如在■■时期曾达成▲▲

⑤ 把○和△巧妙利用便可实现□□

　　内容控制在 50 字以内，以"讲故事"的语速即可。在自我介绍时，务必做到热情、诚恳。

　　在不知道如何组织语句时，首先可以套入固定模式。若能做到这点，便可按照自身的表达习惯铺排。因此，首先打造符合自身的固定模式吧。

法则：无从下手时套入"标题 + 要点 + 理由 + 事例 + 总结"的基本模式

38. 演讲切入正题前，多说"10秒"

・1分钟自由谈话定胜负

倘若你被要求"以'金'为主题，思考3分钟，然后演讲1分钟。现在计时开始！"，你会怎么办呢？

毫不为过地说，播音员考试的成败取决于"1分钟自由谈话"，即根据给出的题目或照片演讲1分钟。第一次进演播厅难免有些紧张，如果再碰上不熟悉的话题，可以说是难比登天。

在屡战屡败之后，我想到了一个办法：套入3个固定模式，准备"40秒"的底稿。换言之，围绕自身的优点、对未来的期望以及吸取的经验教训，编制长达40秒的故事。如此一来，临场只需考虑最初20秒的内容，之后与其说是衔接，倒不如说是"套入"事先准备好的底稿。所以，从题目切入的头20秒需要多费思量，之后的40秒不足为虑。渐渐地，以往因为焦虑而失利的考试也变得容易起来。

为事先准备的素材加上新颖的信息,给人以耳目一新的感觉,这对于日常生活颇为实用。相比于老生常谈,人们更倾向于最新消息。**备好2～3个适用于多种场合的素材,结合当天的趣事或现场的氛围巧妙加以发挥。**有备无患的安全感为焦虑症患者或怯场的你赋予勇气。

・新鲜感令人耳目一新?准备空白稿件

对稿件"填空"可谓演讲推荐技巧之一。

事前写稿时把开头空着,**此部分可以填入演讲"即将开始前"的任意事件。**

有一次,我参加一场婚礼,婚礼上,前一位发言者刚刚饶有兴致地讲述与新婚夫妇共享甜点的趣事,突然,我被要求下一个发言,于是,我说:"我是每周会和新郎吃五次牛肉盖浇饭的同事〇〇,在此向两位新人表示热烈的祝贺……"

这一段话是临场加上去的,寥寥数语顿时勾起听众的好奇心。所以,婚礼演讲可在抵达会场后向主持人确认顺序、事先做好准备。

若是独自演说或宣讲,抵达会场前的所有值得回味的见闻皆可为我所用。

"在进场前看到高楼显示屏上的温度，竟然有34度。感谢各位顶着酷热出席。"

短短两句话，听来却很新奇。所以，从走出家门直到抵达会场之间，我们可以有意识地搜索话题。当天的新闻、天气、上一天的比赛结果都是不错的选择。

即便是相同的演说或宣讲、会场中夹杂此前已经听过的老内容，只要给稿件留出空白、临场添加内容，便可给人耳目一新的感觉。虽说事先有所"准备"，对方也难以察觉，**甚至会认为你是"擅长临场发挥"**。万一自己准备的素材被别人抢先说出，也可临场替换新的内容，确保没有重复。

即兴发言时我们也可利用"就在刚才""择日不如撞日""今早"等表示时间的关键词，这也容易引起听众的共鸣，请务必尝试。

法则：事先准备空白稿件，临场补充内容

39. 最初的 10 句比之后的 10000 句都重要

· <u>犹豫的发言</u>

"（停顿）两年半的等待，为的就是今天。"

"（停顿）This is a day. I've been looking forward to for two-and-a-half years."

在 2007 年的 iPhone 发布会上，史蒂夫·乔布斯开场 10 秒钟说了这番话。

"哎？准备了两年半吗？到底是什么好东西呢？"

你是否有些期待呢？发言越是犹豫、迟疑，听众越想一探究竟。

之后的正式发言具有多少聆听的价值，其实全由开场的 10 秒决定。"两年半的等待，为的就是今天。"这番开场白足以吊起听众的胃口，言下之意是："你不得不听，否则就是你的损失。"

· <u>为开场的 10 秒钟全力以赴</u>

"开场的 10 秒比之后的 10 秒更重要，最初的 10 句话胜过之后的 10 万句。"这是一位播音界的前辈对我的谆谆教导。

关于商务交流、婚礼等场合，在连续多人发表演讲之后，听众难免心生疲惫和厌倦，头脑会不自觉地想些别的事情。即便如此，在一番长篇大论结束、下一位发言者站在麦克风前的时候，听众多少会留意聆听一阵。因此，这"10 秒"就是吸引对方的关键。

一旦开头引起对方的注意，对方对之后的话语也会听得格外仔细。听众的专注有助于演讲者兴致高涨、缓解紧张情绪，由此可以从焦虑症中解脱。

开头的 10 秒至关重要，然而，有人对此并不重视，反而各种寻找借口。

"昨晚突然发高烧，所以准备并不充分……"

大好良机就此浪费，**辩解和借口令人兴趣索然，而且，一旦演讲缺乏自信，对方也是毫无兴趣。**

在开头不需要东拉西扯，开门见山地表达内心的想法即可。

"给10秒注入灵魂",把事先准备的话语大声说出来吧。

法则:开门见山,"给10秒注入灵魂",迅速吸引观众

40. 5步、10秒，帮你先声夺人

· "先声夺人"，谋求对方支持

无论演说还是宣讲，开头说得如何往往决定了听众对你的整体印象。

如果对方觉得"无聊"，会场内便会响起窃窃私语的声音。一旦开局不利，现场气氛顿时凝重起来，再想扳回来谈何容易。

如何先声夺人、谋求对方支持？在此推荐5点技巧。

①讲故事
②标题吸引眼球
③剧情提要
④提问
⑤寻找关键人物

① 讲故事

站在麦克风前的时候，切勿匆忙开口，至少需要停顿一下。因为，你的安静可以唤起观众的兴趣。然后，以类似讲故事的方式娓娓道来。话语缓慢而耐人寻味，加之声情并茂，观众很容易产生代入感，效果自然不错。上一节乔布斯的开场白就是采用了这样的技巧。

② 标题吸引眼球

为了便于观众向他人转述，取个"标题"十分必要。而且，它还有另一项重要功能——吸引眼球。

让对方在听到标题后"为之一振"，这就是我们追求的效果。"耐人寻味"的诀窍在于，不让全部内容在标题中暴露无遗。

以之前"梅雨时节洗晒衣物的方法"为例，我们可以在标题上多费心思。

- 具体举例——"半分钟即可晾干的洗晒方法"
- 使用关键词——"适用于梅雨季节的'拱形晾干法'"
- 采用数字——"30分钟晾干衣物的诀窍"
- 使用对仗短语——"梅雨时节晾干快，洗涤衣物有秘诀"

·故意违背常识——"雨天洗晒也不怕"

"今天讲解的是梅雨时节的洗晒方法"→"今天介绍的是 30 分钟晾干衣物的诀窍"

如今信息检索十分便利,遇上不明白的词,不必翻开笨重的字典,网上一搜就能找到答案。我们在搜索引擎界面敲下的几组关联词就是关键词,试着从罗列关键词的角度设计标题吧。

③ **剧情提要**

以每集 1 小时左右的连续剧为例,下集预告应该如何制作?若是长达 2 小时的电影,预告片应该怎样剪辑?

以女子的尖叫声、血迹斑斑的杀人现场作为开篇,辅以"震撼的一幕切勿错过""直击令人惊讶的现实"等标语……"怎么回事?到底怎么了?"如果观众产生诸如此类的反应,那么这番精心设计也就物有所值。

在切入正题之前,为了激发观众的注意力、兴趣和好感,"剧情提要"不失为好办法。这则技巧的精髓在于,不必一下子把手里的牌打完，展示最精彩的部分即可。

"新娘○○女士其实还为2个孩子提供经济支持……"

这话不假，因为她还有弟弟和妹妹。

"啊？○○女士不是头婚啊……"

发言"耸人听闻"，听众的胃口一下就被吊起。

④提问

开门见山地抛出问题、征求听众的答案，这是切入正题的常见方法。

"1小时56%，诸位可知道这个数字代表什么吗？"（答案：人脑的记忆力）

上来抛出问题，对方就会自主展开思考。于是，对演讲者接下来的话语自然听得格外仔细。

此外，在提问时务必"停顿"、赋予听众思考的时间。即便时间受限，至少也要空出3秒。如果自身有些焦躁难耐，不妨默数"1、2、3"。

⑤寻找关键人物

"各位女士是从哪里来的呀？"

曾几何时，主持日间报道的美野女士常与女观众互动。四周的路人会有"也许我也能说上几句"的兴致，观众则会心生"他们在说些什么"的好奇，继而仔细聆听。在和搭话的女士聊完后，美野女士慢慢地把目光转向屏幕，然后面向全体人员播报。

在切入正题前与某位观众攀谈，对于本就有些紧张的现场气氛来说，这点无疑最难做到吧。因此，建议事先确定目标。

如果老相识在场，可以事先确认对方坐在哪里。假如没有熟人，那么在轮到自己之前先不露声色地与对方搞好关系。

"我是下一位演讲者，好紧张啊！您今天是从哪里过来的呢？"攀谈时不妨以此切入，在正式演讲时就可以这么说，"今天群贤毕至，在此深表谢意。其中不乏千里迢迢赶来的观众，具体是哪里呢……对啦，记得是山梨吧。"

与关键人物相视一笑，继而切入正题。

如果场内有人支持，这份安心感便可大大抵消紧张感。

此时，众人的目光都汇集在自己身上。起初只是当事人双方的对视，渐渐地把目光转向全场，获取全体观众的支持，这正是此技巧的高明之处。

为了使演讲取得成功，请积极运用这5点技巧、迅速掌控全场。

法则：最初的 10 秒先声夺人，现场气氛为之一变

41. 用背景调查打造"亲和力+说服力"

- **"说服力+亲和力",无人可出其右**

2016年7月的日本众议院选举,有一人于全国展开巡回演讲,足迹跑遍22个道、县以及98地,里程累计18851公里。通过这次选举来看,夸他最擅长演讲也毫不为过吧。

此人名叫小泉进次郎,其父就是杰出前首相小泉纯一郎。凭借俊秀的外表、打动人心的演讲,他人气爆棚,成为不容小觑的政坛新星。

我对小泉前首相的演讲和名言不吝赞美、多有介绍,不过如今看来,小泉进次郎的演讲水平甚至青出于蓝。

"其实,就在刚才,我一口气把车开上了瞭望台。从高处俯瞰稻田画,村落的美景也尽收眼底。我顿时就成了田舍馆村的忠实粉丝。"

位于青森县的田舍馆村因"稻田画"而闻名,小泉进次郎以此作为演讲的开场白,一下子就博得观众的好感,说到"粉丝"时台下已是掌声雷动。之后,他又把水田、微型游乐场、赛马等村庄的独特魅力巧妙地穿插在演讲中,并以"虽然村庄小,其实很努力"完美结尾。

发言简短,毫无废话,高超的演讲技巧较之其父也不遑多让。值得一提的是,他本就善于表达,加之留意吸收时下"身边流行"的用语,更是如虎添翼,向着日本第一演说家迈进。

· 彻底搜集信息的益处

在举行全国巡回演讲时,每到一处,小泉进次郎必定会挖掘当地风土人情的独特魅力。在演讲中,他巧妙地**融入"当地元素"**,给人以"亲切"、"认真了解当地"的感觉。彼此的距离一下子拉近,亲近感油然而生。

为了达到这样的效果,事先的"调查"功不可没。从不赶场似的直奔会场开讲,即便日程安排争分夺秒也要亲自搜集信息、用心体会,继而由衷地表达感想……所以,他的演讲**必然具体到人名、地名和数字,**大大增强了说服力,也给听众留下深刻的印象。

其实,在应聘地方电视台播音员的时候,我一定会安排时间深入当地,在对当地特产了如指掌之后再去参加面试。札幌的拉面、仙台的牛舌、名古屋的味噌猪排饭……虽然都是美食,足以在面试时衍生出各类令人耳目一新的话题。

"因为很早就到了,先去吃了一份牛舌套餐。牛舌如此厚实又美味,我此生还是第一次品尝。米饭也是如此可口,真想在仙台定居啊。"

在最终面试时,我被一群年龄大上很多、表情捉摸不定的高层包围。但是,此言一出,现场气氛顿时大为缓和。只要事先"调查",与对方的壁垒便可轻松打破,相信你也一定可以做到。

此外,小泉进次郎在个人主页上还介绍过自己担任秘书时的一则趣事。

"在街头演讲时,我会录下自己的发言,每天睡前都听一遍。另外,我还会请事务所的同事前来,虚心接受他们的指点和反馈。对于世袭现象和自民党本身多有批判,观点不可谓不尖锐。怎样表达才能让人接受?可以说,我每天都在试错和纠错。"

因此,他的演讲水平并非"天赐",而是"努力的回报"。一边试错，一边根据事先"调查"精心准备、打动人心，这点值得效仿和学习。

法则："调查"对方信息，瞬间拉近距离、引起共鸣

42. 演讲途中不要迷惑听众

· 做一个登山的指路人吧

听人说话需要耗费大量精力，尤其是兴趣索然的话题极易心生疲惫和厌烦。在信息搜索十分便利的今天，各人只关注自己感兴趣的话题，假如兴趣寥寥，就此置之不理也在情理之中。

无论准备的话题多么有趣、语言组织多么精心，听众也不可能长时间凝神聆听。演讲者按照自己的节奏侃侃而谈，听众一不小心就厌烦和走神，会场的气氛也大受影响。

本书多次把表达形容为"把对方带到目的地的行为"。关于长时间的演说和宣讲，面对并不熟悉的听众，赋予类似"登山"指引的亲切感颇为必要。无论如何，绝不可让听众感到迷惑。

登山时可以看到各种路标，例如"此处是第〇段""距目的地还有〇米"。由此，登山者可以了解自身所处的位置、合理分配体力。同理，**演说或宣讲时也要提示当前位置。**

因此，在过程中需要穿插下列词句。

- 接下来我们谈一谈○○。
- 第二个要点是○○。
- 那么，关于剩下的10分钟，我想说的是○○。
- 总结刚才说的内容，我的意思是○○。
- 说到这里，我先总结一下要点。
- 总之，关于3点原因，首先是○，其次是△，最后是□。

在发布会上，如果切换到下一个话题，史蒂夫·乔布斯首先会总结之前的内容。

"So I just wanna review that we've seen today."

"所以，我只是想回顾一下我们今天的所见所闻。"

此外，在下一个话题的开头，他会以与观众一起解决问题的形式确认。例如，冠以小"标题"说："关于○○的话题告一段落了吧。"

如果一场演讲耗时 30 分钟,那么用 5 分钟左右做个"小结"是为听众着想的表现。

"关于 3 个要点的第 1 点○○,我们先了解到这里。"通过语句概述,听众也可有个概念,例如"已经讲了三分之一啊""3 大点的第 1 点讲完了"。如此一来,除了照顾听众的感受之外,自身的紧张也大为缓解。"此前说明的是第 2 个要点△△,剩下的 10 分钟我想谈一谈第 3 个要点。"这样一说可以加深 10 分钟内说完的印象,由此,也能让自己的内心平静,更利于把握剩余时间。

· "10 秒钟一个方向"的法则

确认对方是否理解的另一个方法是"眼神交流"。

在宽敞的大厅内演讲时,我一般盯着第一排观众侃侃而谈。不过,有一次下意识瞥向后方,只见有些观众一脸的不耐烦,我心中顿时烦躁起来。

因此,在大庭广众之下演讲时,我的建议是:首先正对观众,然后以画"8"字的方式缓缓移动目光,速度以"10 秒钟一个方向"为佳。鉴于 10 秒钟可说 50 字,也可称为"一段话一个方向",即说完一段后再移动视线。如果是边看稿件边发言的场合，在讲述"连接性语句"时不妨与某位听众以眼神交流。

此外，在引用数据或强调精确数值时，我会低头看向稿件。即使数字铭记在心，至少也要以这个动作增强说服力，给人"信息准确可靠"的印象。

法则：提示演讲的当前位置，通过眼神交流加以确认

▶ 专栏 6　排练次数与成功率的关系

"哎呀，稿件拿不下了！真恨不得有三只手！"

傍晚在直播现场待机，天空突降大雨。不想穿着雨衣播报，于是决定打伞。结果，在直播即将开始前突然陷入慌乱："右手握话筒，左手打着伞……咦？稿件没法拿！只剩几分钟了，这么长的内容可记不住啊！"最后，不得不和摄像师打配合：结合场景与自身的画面切换，我见缝插针地强记该部分稿件内容，真是忐忑不安！

之后，为了避免此类尴尬，在正式直播前，不仅是表达的内容，连周围的环境我也要一并确认、准备。无论日程排得有多满，我一定会事先走一走直播现场。商务会谈、发布会、婚礼……我都会提早抵达现场，可以的话还会排练一下。麦克风是无线的吗？开关需要自己按吗？讲台有放稿件的空间吗？有放矿泉水瓶的地方吗？观众是否看得到自己的肢体语言？……我会一一检查是否可以按照预想的那样表达。一旦临场手忙脚乱，事先准备的内容顿时忘得一干二净。为了使得事前的准备得到充分发挥，我们需要消除各种隐患，这样才能做到尽善尽美。

第 7 章

在任何场合都能侃侃而谈

43. 缓解焦虑的绝招！小道具带来意外惊喜

· "众目睽睽"让我焦躁

"哎呀，弹错了，糟糕……"在钢琴演奏的开头弹错了一个音，一位小姑娘跑回家人身边，赧颜笑着说道。

"没好好练吧？这下在大家面前丢脸了吧……"

这是发生在我7岁时的事，由此，我认识到"失败就是丢脸"。

"那么，怎样才能避免失败呢？"自那以后，每当课堂演讲或者体育考试之前，我都会这么问母亲。

"如果尝试100次却没有成功100次，那么正式场合也毫无胜算。"

这是母亲的口头禅，也是荒木家的家风。言下之意，如果第99次失手，那就不是把剩下的1次做完，而是决定再练10次，而且这10次不容有失。100次里成功了99次，唯一的1次失利或许就是动真格的时候。所以，必须力争十全十美，以百分百成功结束训练。0.99终究不等于1，所以对我来说，刻苦训练也是"理所应当"。

然而，即便练习时取得百分百成功，正式比赛时还是难免紧张。

在众人面前亮相，最大的阻碍来自哪里？……四处投来的目光。伴随着主持人的介绍而登场，分明就能感觉到四周的目光汇聚于自身。面对观众鞠躬后起身，发现大家都在打量自己！这一幕多少让自己有些不自在，被许多人"注视"很容易催生紧张感。

此时需要转变观念，我们可以试着引导视线、用心打动观众："诸位，我有话要说，请看这个！"

一旦出示小道具，投射到自身的目光就会少了许多。让观众以为要"说明图像和物体"，自己便可从"忘词"的不安中得到解脱。

· **通过小道具掌控听众的视线**

除了缓解焦虑症之外，小道具还有"帮助对方理解""避免对方厌烦"的神奇效果。

在中小学演讲或授课时，我一定会做几个"实验"或"游戏"。例如，在讲解云是怎样形成的时候，纵使说得天花乱坠，学生们依然或是打呵欠，或是窃窃私语……此时，如果拿出矿泉水瓶开始模拟"云的形成实验"，他们顿时精神一振。

所谓"百闻不如一见"，说的就是这个道理。而且，登台模拟实验的代表很快就成为学生们心目中的英雄，大家纷纷投去羡慕的目光。听众被他的举手投足所吸引，我自然就没那么引人注目。意识到这点之后，我也不禁乐在其中。

为了加深理解，演说和宣讲需要备有类似的特殊准备。而且，不仅是幻灯片等平面演示，实物或模型效果更佳。

至于婚礼的演讲，借助照片或纪念品感觉也不错吧？在出示物品时，切记把手举高，而且不可摇晃。

法则：使用小道具掌控对方的视线，可以缓解焦虑症和加深对方理解

44. 用平常的语气说话：少用书面语，多用口语

· 绝不自作聪明

"别逞强，你平常会这么说话吗？"

把用于明天直播的稿件递给部长审阅时，他嘟囔了一声。稿件貌似根本不合人意，到处都是红笔修改的痕迹。

- 今天多有操劳→今天百忙之中
- 谨在做……→正在做……
- 关于……呢→关于……
- 正是……→是……
- 继而……→那么……
- 所谓……→是
- 如何是好→怎么做
- 由此可见→因此
- 诸位于此……→诸位在……

有时，我们很容易误认为：华丽的辞藻和书面的语句更为合适。结果……突然发现过犹不及！诚然，在日常交流中一般是不会说"如何是好"的。

"借用他人的语句表述，结果很失败。"

部长的点评深深地刺痛我的心。

· 不必勉强自己，如实表现即可

站在大庭广众之下，像我这样勉强自己、选用晦涩语句的不乏其人吧？**虽然初衷是展示自我风采、避免丢人现眼，但是心情过于迫切，极易陷入重度焦虑症的阴影。**

试着大声朗读报纸的内容吧。一旦开口你就会发现，因为不是自己常用的话，就会显得格外别扭。生硬地照搬他人的表达方式，很容易显得很不自然。此外，由于语感不易把握，朗读时也难以代入感情。

这一切只因为报纸上的都是"书面语"。

语言可分为"书面语"和"口语"。"书面语"多用于公文，文笔优美，"口语"则多用于日常交流。两者的区别在于用文字还是声音表达。

为演说和宣讲而准备的稿件多半写的不是"口语"。如果照本宣科，听众一听就会觉得"这是特意准备的吧？""这是在背书呢？"……即便记忆超群，表达终究生硬。

无论稿件上的文字多么吸引人，如果不能打动听众则毫无意义。文笔虽然优美，表达却很苍白，实在令人惋惜。因此，打动人心的并非映入眼帘的文字，而是听者无不引起共鸣的话语。**对于精心准备的稿件，请认真朗读一遍，而且假设眼前面对广大观众**。如果觉得有不妥的语句，当即进行修改。

"〇〇，恭喜啊！"在同学的婚礼上演讲时，这样的表达完全没问题。"今日〇〇结婚，在此表示由衷的祝贺！"如此冠冕堂皇的话语未无不可，却也一下子拉开了与新人的距离。

如今，任一一部智能手机都装有"笔画输入法"，同时具备"语音输入"功能。用语音还是文字表达？两者的边界已是越来越模糊。

以"书面语"写成演讲稿，真的能把你的意思传递给观众吗？

法则：把稿件内的"书面语"转为"口语"！按照平常的表达方式说话

45. 恰当的练习对象帮你缓解焦虑

· **大声朗读**

"是东日本（Nippon）电视台啊！"

"啊！多谢！好险……"

我在仙台找到第一份工作，是在一个月后担任各电视台集体庆典的主持人。

拿到稿件后，我把"东日本电视台"的 Nippon 念成 Nihon。部长虽然和庆典毫不相干，还是和蔼可亲地为我指正。

"幸好大声念出来了……"

起初，我羞于把自己写的稿子念出来。不过，身边的人也因此纷纷纠正我的错误。**是练习时丢脸，还是正式场合蒙羞……你会做何选择呢？**

在演说、宣讲、主持公司活动等场合，专有名词千万不能弄错。例如本人的姓名有多个读音，需事先做好确认。

- 找准练习对象

除了指正错误之外,事先找"谁"练习也与获得自信息息相关。

被问到自身的强项时,你是不是神采飞扬、口若悬河?这是自信十足的缘故。人们的畏惧心理往往来自对"未知"的不安:自身的话语能否被听众接受、自己的表达方式是否会引起对方的不快……

练习对象给予你的肯定,有助于帮你缓解焦虑,按照当前的表达方式和内容,无论身处何地、面对何人,均不会觉得害羞。如此一来,我们就能心平气和地站到台前、自信地面对观众。

法则:自信可以抑制焦虑症

46. 通过"10秒分段练习"积累成功经验

· 10秒分段练习，切勿延长至1分钟

"播音员和主持人都是专业人士，想必个个能说会道吧？"

我们凭着三寸不烂之舌谋生是不假，但关键还是在于掌握沟通技巧。这全靠日复一日枯燥的练习和模拟。随着反复演练，面对众人和摄像机的感觉就从"极为罕见"变成"家常便饭"。

练习次数与成功率成正比。

对于不善言辞的人来说，我的建议是一点点加大练习量，首先就从"10秒"起步吧。

最初的段落在10秒内流畅说完，然后再进行下一段的10秒挑战。只需区区10秒，因此洗澡时、睡觉前、如厕中皆可尝试。我差不多一整年戴着口罩乘车，在车厢内及上班路上低声练习。

此时，每段训练控制在10秒内即可，切勿一口气说上 1 分钟。这就好比让连 1 公里都跑不到的人参加马拉松、把哆来咪都不会弹的新手放入乐队一般。勉强自己，其实就是加大了失败的风险。

每次练习时，是否总有让你磕磕绊绊的语句呢？

也许是平时不怎么用到的词语、生僻拗口的敬语，或者不太能念准的发音。在用红笔给稿件做标记的同时，试着想想能不能替换为简单上口的表述。

在成为播音员之初，我怎么都念不好"天气一片晴好"，于是改口为"天气似乎变晴"。把"请允许我……"作为口头禅也是出于同样的考虑。合理地替换语句，发音生硬的问题便可大大减少。

· <u>反复朗读，渐渐铭记于心</u>

把 10 秒长度的段落念上 3 遍，大致可以记住内容。亲自编写和审阅稿件，然后大声朗读、用自己的耳朵加以确认，内容便可刻在脑中。于是，平时勤学苦练的语句也就脱口而出了。

"10 秒轻松搞定，我也可以做到！"

此时，表达对你来说已是习以为常。

根据对人脑的研究发现，重度焦虑症的最大病因源

自"过去的失败经历"。因此,需要以"成功体验"取而代之。

"10 秒圆满完成!"

"下一个 10 秒也不在话下!"

在说完一段之后,不要吝惜对自己的褒奖。

10 秒,下一个 10 秒,再一个 10 秒……稳扎稳打、步步为营,先前的失败经历也就抛之脑后了。

法则:演说和宣讲需分段演练,积少成多,增强自信

47. 突然忘词怎么办？用"图像"写稿扫清大脑空白

・对稿件只要多加一个动作便可消除忘词的不安

我长年为朝日电视台《报道站》节目的天气预报环节写稿，并为时任气象播音员的女士提供建议。资历尚浅的新人从主持气象节目起步并不罕见，他们往往也会和我商量。

"一旦到了正式直播的时候，头脑一片空白，稿件内容也忘得一干二净……"

对此我特别理解，因为我自己也常犯这个毛病。

无论演说还是宣讲，到了正式场合，人们基于"不能把话说完"的恐惧而容易忘词。而且，这样的恐惧感一日不能清除，内心始终不得安宁。于是，在直播结束之前，与焦虑症的抗争就难以停歇。

在练习时大声念稿并非难事，连接性话语也能信手拈来，到了正式场合就噤若寒蝉……对于这类群体，我的建议是不要再一字一句地写稿，试试"笔记式稿件"。

具体来说就是强调"连接性语句",只把容易遗忘的要点记下来。借用之前绣球花寺的例子,最终的稿件应该是这样的。

① 介绍场景→○○区

+

大家请看 ②绣球花的种类→公主绣球花

+

●●寺是 ③寺院和绣球花的历史→寺院建于镰仓时代,绣球花种植于"二战"后

+

总之 ④最佳观赏时间→本月盛开

通过反复练习,只需把"连接性语句"和要点熟记,"回放"也不在话下。

· <u>改为图像描绘,克服完美主义</u>

以"图像"写稿也不失为一个好办法。

我所主持的节目全是令人扫兴的虚拟背景,既没有直播现场的景色切换，播音时也不能直接看到画面。为此，我以"图像"描绘稿件，增强视觉效果。

对于发布会来说，只要打印PPT（幻灯片文件），并且写上容易遗忘的要点，"绘图式稿件"也就大功告成。

如果直播时对着密密麻麻的文字性稿件，难免会产生依赖心理，继而演变成照本宣科。假如念错一字，仓促间不知道自己读到哪里，头脑也就一片空白。

重度焦虑症的一大原因在于完美主义。

"笔记式稿件"和"绘图式稿件"都是对传统文字性稿件的简化，可以有效预防死记硬背和结结巴巴。我们不妨以"笔记"或"绘图"的方式加深记忆。

如果身边终究需要备有文字性稿件才能安心的话，切记给稿件留出大片空白，并且做好笔记。

随着实战经验的积累，久而久之，我们便可直接以"笔记"或"绘图"开讲，不必再打底稿。

法则：以"笔记式稿件"和"绘图式稿件"简化文字性稿件，消除忘词的不安

48. 复述标题，打造镇定自若的发言

· 终极办法——"复述标题"

以"小道具"吸引观众目光、表达"符合自身习惯"、稿件简化为"笔记"或"绘图"……即便做到这些，到了正式场合依然会有紧张而忘词的时候。此时，我们还有一个终极办法——"复述标题"。

此前已有介绍，"标题"的意义在于引人注目，此外就是方便观众记忆，继而向他人转述。现在，"标题"又有了第三个作用。

在头脑一片空白的时候，我们不妨"复述标题"。

"正如标题所说，○○地发生●●事。""复述刚才的新闻，○○地发生●●事。""正如今天新闻播报开始时所说，○○地发生●●事。"……这样一来，气氛丝毫没有让人觉得异样，衔接也很自然。

需要注意的是，"标题"应当言简意赅，字数在10个左右较为合适。此外，养成文字精练、减少接续语句

的习惯，这有助于我们灵活应对不时之需。

商务交流也是同理。如果话题有所偏离，切勿心慌意乱，只需表达下列语句即可。

"总之，我想表达的意思正如标题所说。"
"关于标题的解释，我的说明到此为止。"
"以上是我对标题的说明，您是否可以理解？"

正如稿件和宣传资料显示的那样，醒目的"标题"有助于迅速把握内容。掌握上述几则应对焦躁的方法之后，安心感大为增强，我们便可自信十足地迎来正式的发言。

法则：如能复述"标题"，无论焦虑不安还是稿件被吹散，皆可镇定自若

49. 一时无语不妨实话实说，观众反而倍感亲切

- 刚才那人把我的话都带走啦！

在播音生涯步入正轨的第3年，某天傍晚我在仙台车站前进行现场直播。突然，一位行人从我和镜头之间穿过。我一时哑口无言，就像个迷路的孩子。刚才在说什么？接下来要说什么？完全忘得一干二净。

"呃……那个……抱歉，刚才说到哪里了？好奇怪，刚才那人把我的话都带走啦！"

"荒木小姐，刚才说到〇〇啦！"后台的提醒真是及时雨！

"对啦，刚才说到〇〇啦！真是不好意思，我们继续……"

总算不至于太过狼狈……

这次的直播堪称灾难，但在当天和次日的其他节目中，观众纷纷打来电话或者发来传真："这样的反应挺有趣""能看到荒木女士的真实一面也不错"、"倍感

亲切"……

　　第一次在众目睽睽之下发言的紧张自不必说，即便身经百战，难免会有突然头脑一片空白的慌乱。如果连复述的标题都想不起来，形势确实严峻。此时，不妨把眼前发生的事情及自身的遭遇如实相告。这不失为化解尴尬的一个办法，而且或许还能博得观众的好感。

法则：无论忘词还是想不起对策，"实话实说"也能助你一臂之力

50. 用"热情"化解"焦虑"，不善言辞也能传递心意

· <u>由衷的"热情"可以战胜焦虑症</u>

"快看快看，大家请看，这个很棒哦！"
"今后再次形成时请大家务必留意哦！"

在电视台待得越来越久，工作的动力也是源源不竭。这完全是基于单纯地想把世间的快乐、美好、美味、感动等传递给大家的心态。

在旅行途中发现美食时，你会抱着给亲朋好友尝一尝的心态而买些特产吧？邂逅美丽的风景时，你也是抱着和他人分享的好意而拍下照片吧？

表达也是同理。一旦发现大新闻，你也会喜不自胜。

"你知道的话一定会很惊讶！"
"想让你高兴，赶紧告诉你。"

通过此类话语，"迫不及待告诉你"的心情显而易见。

而且，一想到对方的笑容或者惊讶的反应，再想想自己该怎么表达，确实其乐无穷。如果沟通本身就是一件乐事，焦虑也就无所遁形。即便忘了事先准备的素材，感觉也有说不完的话。

本书旨在为不善于在大庭广众下表达的人们讲解沟通技巧，但**最希望大家掌握、最能战胜焦虑症的方法或许就是"为对方着想而热情地沟通"**。

只要抱有沟通的热情，那就没有无法突破的局面。我对此深信不疑。

"迫不及待告诉你"的热情表现为目光炯炯有神、音量不自觉地提高、想方设法告诉对方。从对方的角度来看这些表现，如果有所帮助，那就是"希望分享"，若是烦恼之时，则视为"有所提议"。

只要内心满怀热情，即便不善言辞，你的心意一定可以被对方感知。

法则：只要怀有"用心沟通"的热情，再多的焦虑也无法阻碍心意的表达

▼ 专栏7　探索合理的沟通空间

"我们可是亲如一家的好姐妹。"这句话出自朝日电视台播音员青山爱女士之口。我曾为《报道站》的天气预报节目担任监制达10年之久。节目的首任天气预报员是市川宽子，之后依次为宇贺夏美、青山爱和林美沙希。我与她们情同姐妹，每天相处愉快，偶尔激烈讨论，齐心协力克服难关，共同把节目做好。

而且，她们4位也有一个共同点。尽管个个都很优秀，却从没有争夺一姐的野心。虽然各自给人以光彩夺目的印象，但毫无争奇斗艳的表现。原因在于她们深谙一个道理："播音员从来不是主角，信息才是。"所以，她们把奉献精神放在第一位，与寻常员工一样编写策划方案、频繁奔走各个现场、用心挖掘打动观众的素材……

她们的主持风格也是各有特色。基于自身的理解，结合对季节及天气的观察，她们给节目最开始的10秒和最后的10秒打下鲜明的个人烙印。这是她们自由发挥的空间，因此格外具有魅力。

发布会的焦点是产品而非公司。嘉宾的婚礼演讲无论多么精彩，主角只能是新婚夫妇。在传递信息时，我们需要为他人着想，在被他人接受的同时探索沟通的空间。

后记

改变人生的"10秒注入灵魂"

"现在"的英文翻译是"present",它是"上苍的宝贵恩赐"。

感谢你把宝贵的"时间"用在我这本书上。人生有得有失,唯有光阴一去不返。因此,人们多少希望把时间用于有意义的地方吧。

15年前的我与刚拿到书的你或许没什么区别,每天为"沟通方式"所苦、屡败屡战。

鉴于播音员的职业特点,我不可能回避"表达",而且面对的往往是十万火急的紧张局面:或是播音稿迟迟不能敲定而被团队狠狠批评;或是从监控中猛然看到自己而惊慌失措;或是在直播中突然收到缩短时间的指令……在各种公开直播时的尴尬场面以及盛大典礼上汗流浃背的经历,如今都已成为我摸索出独特"沟通方式"

的基石。

我比谁都更为焦虑地主持节目，因此迫切渴求能够尽早克服"重度焦虑症"……历经千辛万苦，最后总算找到"10秒表达"的沟通技巧。这绝对不是纸上谈兵。

- 勉强自己只会增添障碍
- 不加准备难免遭遇失败
- 临场发挥往往漏洞百出

失败的原因只能归结为过于以自我为中心。为他人着想，选择适合自身的语句，按照合理的时长表述，这才是"表达"的真正含义。我之所以终能毫不怯场、自信满满地畅所欲言，一切都从"10秒"起步。

只要树立"10秒"的意识，世界便可悄然改变。

我可以！
说得真痛快！
没想到能说那么久！

在加盟天气预报制作组之后,"10秒"的价值更为凸显。

节目时长仅120秒,因此每个"10秒"都不容有失。每每与导播们绞尽脑汁编写"120秒的剧本",渐渐地发现并掌握瞬间吸引眼球、巧妙传递信息的技巧。

编写本书的念头源于出版社的一次发布会。

在怀孕期间的某天,我带着策划书,以"不成功便成仁"的心态奔赴会场。我从宣讲的一开始便高举秒表,以"天气预报"节目为例,在有限的时间内大谈10秒分段表达的精妙之处,结果如愿获得编辑们的一致好评:"稍后我们进一步详谈吧。"

孩子诞生之后,我安心在家休养了4个月。暂别在众目睽睽之下发言的舞台,那也是一段难得的平静时光。

谁都难免会有焦虑的时候,但是只要最低限度地掌握本书宣传的技巧,后知后觉、紧张怯懦、自卑心理、负面联想皆可成为往事。"大家请听我说!"只要投入所有的热情,相信机会一定会来敲门。

给"10秒"注入灵魂吧!

本书得以最终问世,离不开以下各位的支持,在此表示感谢。

　　感谢向我传授一流播音知识的宫城电视台及其他电视台的播音界前辈、对我的发言和举止多有指导的朝日电视台天气预报节目组成员、收看节目并对我多有支持的各位观众、体谅我生育艰辛并热忱献计献策的日本实业出版社的各位。此外，家人对本书的出版多有建议和支持，在此一并致谢。

　　最后，我也要对看完本书的读者朋友说一声谢谢。悄然流逝的"10秒"蕴含无穷的价值，请务必发掘、把握。

　　相信注入自身灵魂的"10秒"一定可以引领你踏上成功之路、迎来辉煌时刻。

2017 年 1 月
荒木真理子